CICERO
IN 14 TAGEN

FRIEDRICH VERLAGSMEDIEN

Besuchen Sie uns im Internet:
www.lateinbuch.de

3. Aufl.
© 2012 by Friedrich Verlagsmedien, Frankfurt am Main
Alle Rechte vorbehalten
Jede Verwertung in anderen als den gesetzlich
zugelassenen Fällen bedarf deshalb der
vorherigen schriftlichen Genehmigung des Verlages.
Umschlagillustration: Oliver Weiss, Grassau

Printed in Germany

ISBN: 978-3-937446-13-4

Inhaltsverzeichnis

Abkürzungen & Zeichen

Abl.	Ablativ
Akk.	Akkusativ
Akt.	Aktiv
BG	Bellum Gallicum
Dat.	Dativ
Gen.	Genitiv
Ind.	Indikativ
Komp.	Komparativ
Konj.	Konjunktiv
Nom.	Nominativ
Pass.	Passiv
Per.	Person
Pl.	Plural
s.	siehe
Sg.	Singular
vgl.	vergleiche
z. B.	zum Beispiel

Vorwort

Es wäre vermessen zu behaupten, dass man einen so anspruchsvollen und vielseitigen Autor wie Cicero in nur 14 Tagen perfekt meistern könne. Handelt es sich also beim Titel „Cicero in 14 Tagen" um einen Etikettenschwindel? Ich meine, nein. Das Ziel ist schließlich ein anderes: das Buch soll in 14 Lektionen einfach einen repräsentativen Überblick über die vielfältigen Werke Ciceros geben, ebenso wie die Möglichkeit, sich im Selbststudium in die Sprache dieses Autors einzuarbeiten und grammatische Erscheinungen sowie Vokabular mit größtmöglicher Konzentration aufs Wesentliche zu repetieren. Dabei bietet dir der ansteigende Schwierigkeitsgrad zunächst einen „sanften" Einstieg, bis du in den letzten Lektionen schließlich bei Texten auf Prüfungsniveau anlangen wirst.

Man muss sich über eines im Klaren sein: den ultimativ „einfachen" Cicero-Text gibt es nicht. Zu Beginn wirst du deshalb von mir leicht vereinfachte Sätze vorfinden, die dir den Einstieg etwas erleichtern sollen. Danach, bei den unveränderten Originaltexten, werde ich dir zunächst ebenfalls noch genügend Übersetzungshilfen zur Verfügung stellen, die dann aber nach und nach wegfallen werden.

Wie ich schon sagte, ist Cicero ein sehr vielseitiger Autor. Das Werk lässt sich in drei Hauptabteilungen gliedern, nämlich die Reden, die Briefe und die philosophischen Werke (zu denen man im weiteren Sinn auch seine rhetorischen Abhandlungen zählen darf). Um dir einen repräsentativen Überblick zu bieten, habe ich Textstücke aus allen diesen drei Abteilungen ausgewählt, darunter einige der bekanntesten Stellen, die im Unterricht sehr oft behandelt werden, sei es am Gymnasium oder auf der Universität.

Wie ebenfalls schon gesagt, ist Cicero auch ein anspruchsvoller Autor – und zwar inhaltlich wie sprachlich. Aber damit will ich dir nicht etwa Angst machen, im Gegenteil. Kaum etwas ist unlösbar, wenn man bereit ist, sich auf ein systematisches Arbeiten mit den Texten einzulassen. Zwei Grundvoraussetzungen für ein erfolgreiches Arbeiten möchte ich zudem auch noch erwähnen.

>>

Erstens: ohne hinreichende Kenntnisse des Vokabulars und der Elementargrammatik wird es sicherlich sehr schwierig. Aber diese kannst du im Bedarfsfall in der „Überlebensgrammatik" nochmals durchgehen.

Zweitens: eine Portion Interesse und guter Wille, die Schwierigkeiten zu meistern, ist ebenfalls immer hilfreich. Doch die Tatsache, dass du mit diesem Buch arbeiten möchtest, ist ja der Beweis dafür, dass dieser gute Wille – mindestens in gewissem Maß – bei dir wirklich vorhanden ist. Somit kann ich dir jetzt nur noch viele Erfolgserlebnisse bei der Arbeit mit diesem Buch wünschen!

Autor und Verlag
im März 2008

Basiswortschatz zu Cicero

a, ab *(Präp. m. Abl.)*	von (... her)
accipere, -io, -cepi, -ceptum	annehmen, empfangen
ad *(Präp. m. Akk.)*	zu (... hin), an, bei
adulescens, -entis m.	junger Mann
ager, agri m.	Acker, Feld, Land
agere, -o, egi, actum	handeln, treiben, tun, machen
aliquis, -quid	irgendjemand, -etwas
aliqui, -quae, -quod	irgendein
alius, -a, -ud (!)	ein anderer
alter, -era, -erum	der andere/zweite
amicus, -i m.	Freund
an	ob
animus, -i m.	Geist, Mut
ante *(Präp. m. Akk.)*	vor(her)
apud *(Präp. m. Akk.)*	bei

(handschriftliche Notiz: Ane, si, nisi, num)

arbitrari, -or, -atus sum	glauben, meinen	(ACI)
arma, -orum n.	Waffen	
at	aber	
atque, ac	und	
auctoritas, -atis f.	Ansehen, Einfluss	
audere, -eo, ausus sum	(etw.) wagen	
audire, -io, -ivi, -itum	hören	
aut	oder	
autem	aber	
bellum, -i n.	Krieg	
bene	gut	
beneficium, -ii n.	Wohltat	
bonus, -a, -um	gut	
causa (+ Gen.; nachgestellt)	wegen	
certus, -a, -um	sicher, gewiss	
ceteri, -ae, -a	die übrigen, andere	
civis, -is m./f.	Bürger(in)	
civitas, -atis f.	Staat	
cognoscere, -o, -novi, -nitum	erkennen	(ACI)
consilium, -ii n.	Plan, Beschluss	
constituere, -uo, -ui, -utum	festlegen	
consul, consulis m.	Konsul	
contra (Präp. m. Akk.)	gegen	
crimen, criminis n.	Anschuldigung, Vorwurf	
cum (Präp. m. Abl.)	mit	
cum (Konj.)	als, weil, obwohl, während	
dare, do, dedi, datum	geben	
de (Präp. m. Abl.)	von, über	
debere, -eo, -ui, -itum	müssen	
defendere, -o, -i, defensum	verteidigen	
deinde	dann, darauf	
denique	endlich	
deus, -i m.	Gott	
dicere, -o, dixi, dictum	sagen, sprechen	

castra, castrorum (pl.) = das lager
wie bei   litterae

dies, diei m.	Tag
domus, -us f.	Haus
e, ex *(Präp. m. Abl.)*	aus (... heraus)
ego	ich
enim	denn, nämlich
esse, sum, fui, -	sein
et	und
etiam	auch, sogar
facere, -io, feci, factum	tun, machen
ferre, fero, tuli, latum	tragen
fieri, fio, factus sum	(gemacht) werden, geschehen
filius, -ii m.	Sohn
fortis, -e	tapfer
fortuna, -ae f.	Glück, Schicksal
genus, generis n.	Art
gravis, -e	schwer
habere, -eo, -ui, -itum	haben
hic, haec, hoc	dieser, -e, -es
homo, hominis m.	Mensch, Mann
honor/honos, honoris m.	Ehre
hostis, -is m.	Feind
iam	schon
idem, eadem, idem	der-, die-, dasselbe
igitur	also
ille, -a, -ud	jener, -e, -es
imperator, -oris m.	Feldherr, Befehlshaber
imperium, -ii n.	Herrschaft(sgebiet)
in *(Präp. m. Akk./Abl.)*	in, bei, auf, nach
ipse, -a, -um	er, sie, es selbst
is, ea, id	er, sie, es
iste, -a, -ud	dieser, -e, -es da
ita	so
itaque	deshalb
iudex, iudicis m.	Richter

iudicium, -ii n.	Gericht, Urteil
iudicare, -o, -avi, -atum	urteilen
ius, iuris n.	Recht
lex, legis f.	Gesetz
litterae, -arum f. *(Pl.!)*	Brief *verben dann aud R*
locus, -i m.	Ort, Platz, Stelle
magis	mehr
magnus, -a, -um	groß
meus, -a, -um	mein
mittere, -o, misi, missum	schicken, senden
modo	gerade (eben)
modus, -i m.	Art, Weise
multi, -ae, -a	viele
nam	denn, nämlich
ne	dass, damit nicht
nemo	niemand
neque, nec	und nicht
nihil	nichts
nisi	als, außer
nomen, nominis n.	Name
non	nicht
nos	wir, uns
noster, -tra, -trum	unser
nunc	jetzt, nun
omnis, -e	(Sg.) ganz, jeder; (Pl.) alle
oportet	man muss
optimus, -a, -um	bester
oratio, -onis f.	Rede
ordo, ordinis m.	Rang, Ordnung
pars, partis f.	Teil, Seite
pater, patris m.	Vater
pecunia, -ae f.	Geld
per *(Präp. m. Akk.)*	durch (... hindurch)
periculum, -i n.	Gefahr

populus, -i m.	Volk
posse, possum, potui, -	können
potestas, -atis f.	Macht
praetor, -oris m.	Prätor
pro *(Präp. m. Abl.)*	für, anstatt
provincia, -ae f.	Provinz
publicus, -a, -um **res publica** f.	öffentlich Staat, Republik
putare, -o, -avi, -atum	glauben
quaerere, -o, quaesivi, -situm	fragen
quam	*(bei Komparativ)* als *(bei Superlativ)* möglichst
-que *(angehängt)*	und
qui, quae, quod **quod**	der, die, das; welcher, -e, -es was; dass; weil *(kausal)*
quidam, quaedam, quoddam	ein gewisser
quidem	freilich, jedenfalls
quis	wer
ratio, -onis f.	Vernunft, Überlegung
religio, -onis f.	Kult, »Religion«
relinquere, -o, reliqui, relictum	ver-, zurücklassen
res, rei f.	Sache, Ding
rex, regis m.	König
salus, salutis f.	Wohlergehen, Heil
scelus, sceleris n.	Verbrechen
sed	aber, sondern
semper	immer, stets
sententia, -ae f.	Meinung
servus, -i m.	Sklave
si	wenn, falls
sic	so
sine *(Präp. m. Abl.)*	ohne
socius, -ii m.	Gefährte, Partner
solere, -eo, solitus sum	*(etw. zu tun)* pflegen

studium, -ii n.	Eifer, Interesse
sui, sibi, se	seiner, sich
summus, -a, -um	der höchste, oberste
suus, -a, -um	sein, ihr
tam	so
tamen	dennoch, trotzdem
tempus, -oris n.	Zeit
totus, -a, -um	ganz
tu	du
tum	dann, da, darauf, damals
tuus, -a, -um	dein
unus, -a, -um	eins
urbs, urbis f.	(Groß-)Stadt (meist *Rom*)
ut/uti	*(Ind.)* wie; *(Konj.)* (so) dass, damit
venire, -io, -i, ventum	kommen
verbum, -i n.	Wort
vero	aber
vester, -tra, -trum	euer
videre, -eo, vidi, visum	sehen
videri, -eor, visus sum	scheinen (z. B. es *scheint*, als...)
vir, viri m.	Mann
virtus, -utis f.	Tapferkeit, Tugend, Mut
vis, vim, vi/vires, viribus f.	Kraft, Gewalt
vita, -ae f.	Leben
voluntas, -atis f.	Wille
vos	ihr, euch

plerisque = die meisten
neque quisquam = und keiner

Überlebensgrammatik zu Cicero

Die folgenden Seiten sollen das zu beherrschende Minimum darstellen; weniger ist in diesem Fall mit Sicherheit nicht mehr. Bei größeren Lücken in der Grammatik empfehle ich zur Aufarbeitung bzw. Wiederholung:

Lateingrammatik in 7 Tagen; ISBN: 978-3-937446-11-0
Discendum – Das Wichtigste für den Latein-Unterricht;
ISBN: 978-3-937446-10-3

Grob teilt man die Grammatik in Formenlehre (Morphologie) und Satzlehre (Syntax). Die Formenlehre beschäftigt sich vor allem mit den Wortarten und der Flexion (Beugung, also Deklination bei Nomina oder Konjugation bei Verba). Die Satzlehre widmet sich den Satzkonstruktionen und den Satztypen, dem Satzgefüge.

1. Formenlehre (Morphologie)

Wir unterscheiden Wortarten nach ihrer Veränderlichkeit, also ob man sie beugen kann. Folglich unterscheidet man veränderliche von unveränderlichen Wörtern.

Unveränderlich: Konjunktionen (z. B. ut, cum, si), Präpositionen (z. B. inter, ad, ex), Partikeln (z. B. non, num, sic). Adverbien nehmen eine Sonderstellung ein (z. B. bene, celeriter). Sie sind zwar in vielen Fällen von Adjektiven abgeleitet, können aber nicht gebeugt werden. Hingegen können sie wie Adjektive gesteigert werden.

Veränderlich: Nomina (Substantive, Pronomen, Adjektive) und Verba. Nomina werden dekliniert, Verba werden konjugiert.

Zum Deklinieren bzw. Bestimmen einer Form musst du wissen, in welchem Kasus (Fall: Nominativ, Genitiv, Dativ, Akkusativ, Ablativ), in welchem Numerus (Anzahl: Singular oder Plural) und in welchem Genus (Geschlecht: Maskulinum, Femininum oder Neutrum) das Wort steht.

Die Übereinstimmung von Kasus, Numerus und Genus, z. B. zwischen Substantiv und Adjektiv, bezeichnet man als KNG-Kongruenz.

Sowohl Nomina als auch Verba werden nach Flexionsklassen, z. B. o-Deklination unterschieden. Lerne daher immer die Stammformen mit.

Zum Konjugieren musst du wissen, in welcher Person und Anzahl (1., 2. oder 3. Person, Sg. oder Pl.), in welcher Zeit (Präsens, Perfekt, Imperfekt, Plusquamperfekt, Futur I oder II), in welchem Modus (Indikativ, Konjunktiv oder Imperativ) und in welchem Genus Verbi (Aktiv oder Passiv) sich das Verb befindet.

Latein ist eine ausgeprägte Endungssprache. Das bedeutet, daß du sehr gut auf die Endungen schauen musst. Es gibt aber auch so genannte Enklitika, d. h. kleine Wörter, die am Ende von Wörtern angehängt werden und somit keine Endungen im eigentlichen Sinne sind. Von Bedeutung sind:

-que = und (ora vultusque = die Gesichter und Mienen)
-ne = Fragesignal am ersten Wort des Fragesatzes (meministine? = erinnerst du dich?)
-cum = mit (nur am Personalpronomen angehängt: mecum, tecum usw.)

1.2 Die Deklinationen: Endungsübersicht

Kasus	a-Dekl.	o-Dekl.	3. Dekl.	u-Dekl.	e-Dekl.
Nom. Sg.	a	us / um *n.*	*	us/u *n.*	es
Gen.	ae	i	is	us	ei
Dat.	ae	o	i	u(i)	ei
Akk.	am	um	em/us *n.*	um/u *n.*	em
Abl.	a	o	e	u	e
Nom. Pl.	ae	i / a *n.*	es/a *n.*	us/ua *n.*	es
Gen.	arum	orum	(i)um	uum	erum
Dat.	is		ibus		ebus
Akk.	as	os / a *n.*	es/a *n.*	us/ua *n.*	es
Abl.	is		ibus		ebus

* Wörter der 3. Dekl. können im Nom. Sg. sehr viele verschiedene Endungen haben. Die wichtigsten sind: *-or, -tas, -tudo, -(i)o, -en, -x, -is, -s.*

n. steht für Formen des Neutrums. Neben den o. g. Deklinationen gibt es ferner die i-Dekl., welche folgendermaßen abweicht: Nom. Sg.: is/e *n.*; Akk. Sg. im/e *n.*; Abl. Sg. i; (Gen. Pl. ium; Akk. Pl. is, es/ia *n.*).

Deklinationsbeispiele

causa, -ae f. (a-Dekl.)

	Singular	Plural
Nom.	caus-a	caus-ae
Gen.	caus-ae	caus-arum
Dat.	caus-ae	caus-is
Akk.	caus-am	caus-as
Abl.	caus-a	caus-is

bellum, -i n. (o-Dekl.)

	Singular	Plural
Nom.	bell-um	bell-a
Gen.	bell-i	bell-orum
Dat.	bell-o	bell-is
Akk.	bell-um	bell-a
Abl.	bell-o	bell-is

locus, -i m. (o-Dekl.)

	Singular	Plural
Nom.	loc-us	loc-i
Gen.	loc-i	loc-orum
Dat.	loc-o	loc-is
Akk.	loc-um	loc-os
Abl.	loc-o	loc-is

dies, diei m./f. (e-Dekl.)

	Singular	Plural
Nom.	di-es	di-es
Gen.	di-ei	di-erum
Dat.	di-ei	di-ebus
Akk.	di-em	di-es
Abl.	di-e	di-ebus

bonus, -a, -um (Adjektiv der a-/o-Dekl.)

	m. (Sg.)	f.	n.	m. (Pl.)	f.	n.
Nom.	bon-us	bon-a	bon-um	bon-i	bon-ae	bon-a
Gen.	bon-i	bon-ae	bon-i	bon-orum	bon-arum	bon-orum
Dat.	bon-o	bon-ae	bon-o	bon-is		
Akk.	bon-um	bon-am	bon-um	bon-os	bon-as	bon-a
Abl.	bon-o	bon-a	bon-o	bon-is		

fortis, -is, -e (Adjektiv der i-Dekl.)

	m. (Sg.)	f.	n.	m. (Pl.)	f.	n.
Nom.	fort-is		fort-e	fort-es		fort-ia
Gen.	fort-is			fort-ium		
Dat.	fort-i			fort-ibus		
Akk.	fort-em		fort-e	fort-es		fort-ia
Abl.	fort-i			fort-ibus		

legio, -onis f. (3. Dekl.)

	Singular	Plural
Nom.	legio	legion-**es**
Gen.	legion-**is**	legion-**um**
Dat.	legion-**i**	legion-**ibus**
Akk.	legion-**em**	legion-**es**
Abl.	legion-**e**	legion-**ibus**

hostis, -is m. (3. Dekl.)

	Singular	Plural
Nom.	host-**is**	host-**es**
Gen.	host-**is**	host-**ium**
Dat.	host-**i**	host-**ibus**
Akk.	host-**em**	host-**es**
Abl.	host-**e**	host-**ibus**

pars, partis f. (3. Dekl.)

	Singular	Plural
Nom.	pars	part-**es**
Gen.	part-**is**	part-**ium**
Dat.	part-**i**	part-**ibus**
Akk.	part-**em**	part-**es**
Abl.	part-**e**	part-**ibus**

exercitus, -us m. (u-Dekl.)

	Singular	Plural
Nom.	exercit-**us**	exercit-**us**
Gen.	exercit-**us**	exercit-**uum**
Dat.	exercit-**ui**	exercit-**ibus**
Akk.	exercit-**um**	exercit-**us**
Abl.	exercit-**u**	exercit-**ibus**

Kasusfragen

Nom.: wer? was?; Gen.: wessen?; Dat.: wem?; Akk.: wen? was?
Abl.: wo? wann? woher? wovon? womit? wodurch?
Die Übersichten verdeutlichen, daß Dat. + Abl. Pl., Nom. + Akk. Pl.
und bei den *Neutra* Nom. + Akk. Sg. formengleich sind. Mache dir diese
Kenntnis zum einfacheren Einprägen der Formen zu Nutze!

Die Komparation (Steigerung)

Adjektive und Adverbien können gesteigert werden. Positiv (gut),
Komparativ (besser), Superlativ (der beste resp. am besten). Der Elativ
(Superlativform, wobei aber kein Vergleich stattfindet) wird mit »sehr«
übersetzt (z. B. sehr gut).
Adjektive:
Positiv (-us, -a, -um; -is, -is, -e); Komparativ (-ior, -ius);
Superlativ (-issimus, -a, -um).
Sonderregeln für Superlativ:
Alle Adjektive auf -er haben -errimus, -a, -um (pulcher, pulchrior,
pulcherrimus)
facilis, difficilis, similis, dissimilis (und wenige weitere) haben -illimus,
-a, -um (facillimus, -a, -um)

Adverbien:
Positiv (-e; -(it)er); Komparativ (-ius); Superlativ (-issime; -illime, -errime). Beispiel *longe*: longe, longius, longissime.

Pronomina

Es werden u. a. folgende Arten von Pronomina unterschieden, die bei Cicero-Texten allesamt wichtig sind:
Relativpronomen, Interrogativpronomen, Demonstrativpronomina, Personalpronomina, Indefinitpronomina (verallgemeinernde Pron.).

qui, quae, quod (Relativpronomen: der/die/das)

	m. (Sg.)	f.	n.	m. (Pl.)	f.	n.
Nom.	qui	quae	quod	qui	quae	quae
Gen.		cuius		quorum	quarum	quorum
Dat.		cui			quibus	
Akk.	quem	quam	quod	quos	quas	quae
Abl.	quo	qua	quo		quibus	

quis, quid (Interrogativpronomen: wer/was?)

	m./f.	n.
Nom.	quis	quid
Gen.	cuius	
Dat.	cui	
Akk.	quem	quid
Abl.	quo	

is, ea, id (dieser/diese/dieses; er/sie/es)

	m. (Sg.)	f.	n.	m. (Pl.)	f.	n.
Nom.	is	ea	id	ii	eae	ea
Gen.		eius		eorum	earum	eorum
Dat.		ei			iis	
Akk.	eum	eam	id	eos	eas	ea
Abl.	eo	ea	eo		iis	

Folgende drei Demonstrativpronomina werden gleich wie is, ea, id dekliniert:

      ille, illa, illud (jener/jene/jenes)
      iste, ista, istud (der da/die da/das da)
      ipse, ipsa, ipsum (er/sie/es selbst)

hic, haec, hoc (dieser/diese/dieses)

	m. (Sg.)	f.	n.	m. (Pl.)	f.	n.
Nom.	hic	haec	hoc	hi	hae	haec
Gen.		huius		horum	harum	horum
Dat.		huic			his	
Akk.	hunc	hanc	hoc	hos	has	haec
Abl.	hoc	hac	hoc		his	

Personalpronomen

	1. P. Sg.	2. P. Sg.	1. P. Pl.	2. P. Pl.	3. Per. reflexiv	3. Per. nicht "
Nom.	ego	tu	nos	vos	-	
Gen.	mei	tui	nostri	vestri	sui	*Formen von is, ea, id*
Dat.	mihi	tibi	nobis	vobis	sibi	
Akk.	me	te	nos	vos	se	
Abl.	(a) me	(a) te	(a) nobis	(a) vobis	(a) se	

Dazugehöriges Possessivpronomen

meus, -a, -um	tuus, -a, -um	noster, -tra, -trum	vester, -tra, -trum	suus, -a, -um	*Umschrei-bung*

idem, eadem, idem (derselbe/dieselbe/dasselbe)

	m. (Sg.)	f.	n.	m. (Pl.)	f.	n.
Nom.	idem	eadem	idem	idem	eaedem	eadem
Gen.		eiusdem		eorundem	earundem	eorundem
Dat.		eidem			eisdem	
Akk.	eundem	eandem	idem	eosdem	easdem	eadem
Abl.	eodem	eadem	eodem		eisdem	

Es gibt viele verschiedene Indefinitpronomina, die bei Cicero allgemein recht häufig sind.

Gleich wie das Relativpronomen qui, quae, quod werden dekliniert:
aliqui, aliquae, aliquod *(adjektivisch)* (irgendein, -eine, -ein)
quidam, quaedam, quoddam (ein gewisser)
quicumque, quaecumque, quodcumque (wer auch immer/was auch immer)
quilibet und quivis (jeder beliebige)

Gleich wie das Interrogativpronomen quis, quid werden dekliniert:
aliquis, aliquid *(substantivisch)* (irgendwer, irgendwas)
quisque, quidque (jeder/jedes einzelne)
quisquam, quicquam (irgendeiner, irgendetwas)

1.3 Verben
Du denkst dir konjugierte (gebeugte) Verbformen (z. B. *faciebat* = er machte) am besten als Puzzle, da für das vollständige Bild meist mehrere Teile benötigt werden.

Wortbildung
Zur Bildung einer konjugierten Verbform benötigt man immer den Wortstamm und die Personalendung, manchmal auch einen Einschub (wie das -(e)ba- beim Imperfekt).
Beispiel: audi-eba-t = er hörte (audi = Stamm; eba = Einschub; t = Endung).

Die Personalendungen
Alle Personen kommen bei Cicero häufig vor, es lohnt sich also, alle Personalendungen sicher erkennen zu können.

	Präsens Akt.	Präsens Pass.	Perfekt Akt.
1. Per. Sg.	-m/-o	-(o)r	-i
2. Per. Sg.	-s	-ris	-isti
3. Per. Sg.	-t	-tur	-it
1. Per. Pl.	-mus	-mur	-imus
2. Per. Pl.	-tis	-mini	-istis
3. Per. Pl.	-nt	-ntur	-erunt

o ber 1 P. Sg:
Präsens Ind.
Tut I, II

18

nicht
konj.
perf. Akt.

Der Infinitiv

Der Infinitiv ist eine nicht konjugierte Verbform. Das Lateinische kennt den Infinitiv Präsens, den Infinitiv Perfekt und den Infinitiv Futur, jeweils im Aktiv und Passiv. Bei Cicero kommen alle häufig vor:

	Inf. Präs. Akt.	Inf. Perf. Akt.	Inf. Fut. Akt.
a-Konj.	confirmare	confirma(vi)sse	confirmaturum -am, -um esse
e-Konj.	tenere	tenuisse	tenturum, ...
i-Konj.	audire	audi(vi)sse	auditurum, ...
gem. Konj.	facere	fecisse	facturum, ...
kons. Konj.	agere	egisse	acturum, ...

Passive Infinitive:
Inf. Präs. Pass.: confirmari, teneri, audiri, agi, capi
Inf. Perf. Pass.: confirmatum, -am, -um esse, ...

Die Zeiten

Selbstverständlich kommen bei Cicero auch sämtliche Zeitformen ständig vor. Solltest du dich im Umgang mit den Zeiten nicht sicher fühlen, d. h. sie nicht schnell und fehlerfrei bestimmen können, rate ich dir, die Lücken mit einer Grammatik aufzuarbeiten. Viel Erfolg!
Hinweis: Das sog. »Historische Präsens« berichtet im Präsens über Geschehnisse in der Vergangenheit, um diese unmittelbarer, lebendiger zu präsentieren. Häufig werden daher Präsensformen als Vergangenheit übersetzt, wenn aus dem Kontext klar ist, dass etwas Vergangenes berichtet wird. Gewöhn dich daran! ;)

Deponentien

Deponentien sind Verben, die, vereinfacht ausgedrückt, wie eine Passivform aussehen, jedoch aktivisch, d. h. wie eine Aktivform, übersetzt werden. Wenn man weiß, welche Verben sich so verhalten, macht dies für das Übersetzen kaum Schwierigkeiten. Die wichtigsten Deponentien, von denen auch Cicero häufig Gebrauch macht:

(ad)hortari: mahnen, aufmuntern
mirari: sich wundern
vereri: sich fürchten
versari: sich aufhalten   >>

conari: versuchen
cunctari: zögern
fateri – fateor – fassus sum (u. confiteri – confessus sum): zugeben
mentiri: lügen
oriri – orior – ortus sum: aufgehen (Sonne), auch anfangen
sequi – sequor – secutus sum: folgen (viele Komposita)
pati – patior – passus sum: leiden
loqui – loquor – locutus sum: sprechen
uti – utor – usus sum + Abl.: gebrauchen
nasci – nascor – natus sum: geboren werden
mori – morior – mortuus sum: sterben
gradi – gradior – gressus sum: schreiten (viele Komposita)

2. Satzlehre (Syntax)

Ein vollständiger Satz enthält mindestens ein Subjekt und ein
Prädikat. Meist antwortet er auf die Frage »Wer oder was macht
was?« (im Passiv: »Was wird mit/von wem oder was gemacht?«). Von
einem Satzgefüge spricht man, wenn es zusätzlich zum Hauptsatz
mindestens einen Nebensatz, einen erläuternden »Untersatz«, gibt.
Ist das Subjekt ein Nomen, steht es im Nominativ. Zwischen Subjekt
und Prädikat muss stets die Anzahl übereinstimmen, wie auch im
Deutschen (also nicht: *Der Mann gehen. *Die Männer geht.). Ist das
Prädikat eine konjugierte Verbform im Plural, ist das Subjekt also für
gewöhnlich eine Nominativ-Plural-Form.
Bedenke jedoch immer, daß das Subjekt im Lateinischen längst
nicht immer ausgedrückt sein muss. Wenn du im Satz kein Wort im
Nominativ findest, „steckt das Subjekt im Verb drin" – oder besser
gesagt, du kannst aus dem vorherigen Satz erschließen, wer oder
was das Subjekt ist.

Nebensätze
Bei Cicero wirst du ständig mit Nebensätzen zu tun haben – präge dir
deshalb die Einleitungen sehr gut ein.

qui, quae, quod: (Relativsätze) der, welcher etc.
propterea quod: deswegen weil

quia: da, weil
ut mit Indikativ: sobald als, wie
ut mit Konjunktiv: (so) daß, damit
cum mit Ind.: als, wenn
cum mit Konj.: als, weil, obwohl, während
si/nisi: wenn (nicht) *(Achtung bei quid → aliquid)*
quin: daß (nicht)
Wichtig sind bei den Nebensätzen auch indirekte Fragesätze. Sie
können mit jeglichen Fragewörtern eingeleitet werden, die auch
selbständige Fragen einleiten. *(s. Verb → Konjunktiv?)*

Gerundium & Gerundivum

Das Gerundium ist der deklinierte Infinitiv des Verbs. Das
Gerundivum ist hingegen ein Verbaladjektiv, das bedeutet, daß
etwas getan werden muss.

Beide erkennst du am Zeichen –nd-.

Das Gerundium kommt nur im Singular vor: *(Akk)*
ridere, ridendi, (Dat. -o äußerst selten), (ad) ridendum, ridendo
= das Lachen, des Lachens, (zum) Lachen, durch das Lachen
indem ... als Nebensatz

unam horam ad vivendum non dedissem = ich hätte ihm nicht eine
Stunde zum Leben gegeben.
Bsp. mit Ablativ: non credendo corroboraverunt = sie haben ihn
gestärkt, indem sie nicht glaubten (durch das „Nicht-Glauben")

Das Gerundivum hat hingegen alle Endungen wie ein Adjektiv auf
-us, -a, -um und steht zu einem anderen Wort in KNG-Kongruenz.

Gerundivum:
- mit Hilfsverb esse konstruiert:
  id quod est admirandum = das, was bewundert werden muss
  (das, was bewundernswert/verwunderlich ist)
- der sog. Dativus auctoris gibt beim Gerundivum den Täter
  an:
  erit verendum mihi = ich werde mich davor fürchten müssen
- mit Verneinung kann man mit "nicht dürfen" übersetzen:
  non est postulandum = man darf nicht fordern (es darf nicht
  gefordert werden)

Speziell sind beim Gerundivum noch die Formeln wie „ad eas res conficiendas", wo du das Gerundivum am besten als Substantivierung übersetzt: „zur Erledigung dieser Dinge". Dazu einige Beispiele aus Cicero: *um zu (Gen.)*

- habendi senatus locus: ein Ort für die Abhaltung der Senatssitzung (um die Senatssitzung abzuhalten)
- consiliorum reprimendorum causa: wegen der Unterdrückung der Pläne (um die Pläne zu unterdrücken)
- ad neglegendas leges valuisti: du warst stark genug zur Missachtung der Gesetze (um die Gesetze zu missachten)

Accusativus cum Infinitivo (AcI)

Wie der Name erahnen lässt, beinhaltet jeder AcI-Satz mindestens eine Akkusativ-Form und einen Infinitiv. Cicero verwendet diese Konstruktion selbstverständlich sehr häufig. Sobald du einen Infinitiv antriffst, prüfe also, ob ein Verb vorhanden ist, das einen AcI nach sich ziehen kann. Du übersetzt dann am besten mit einem durch »daß« eingeleiteten Nebensatz. Der AcI folgt auf sog. Kopfverben, also Verben des Sprechens, Denkens, Fühlens, und nach Wörtern wie constat (es steht fest), necesse est (es ist nötig) usw.

Bsp.: Patere tua consilia non sentis? = Merkst du nicht, daß deine Pläne allgemein bekannt sind? (sentire = Verb des Fühlens)
Dico te priore nocte venisse inter falcarios. = Ich sage, daß du vorige Nacht in die Sichelmacherstraße gekommen bist. (dicere = Verb des Sprechens)

Partizipialkonstruktionen

Zu den Partizipialkonstruktionen, also den Satzkonstruktionen, die vor allem mit Hilfe von Partizipien konstruiert werden, zählen der Ablativus absolutus (Abl. abs.) und das Participium coniunctum (PC).

Übersetzungsmöglichkeiten (für Abl. abs. und PC)
• als, nachdem (bei PPP*), während (bei PPA**) > temporal
• der, die, das (am Anfang des Nebensatzes) > relativ
• da/weil > kausal
• obwohl > konzessiv
• wenn > konditional
• indem (bei PPA**) > modal
        * PPP = Partizip Perfekt Passiv; ** PPA = Partizip Präsens Aktiv

Ablativus absolutus (Abl. abs.)

Ein Abl. abs. besteht aus einem Nomen im Ablativ und einem dazugehörigen Partizip (PPA oder PPP) im Ablativ. Findest du in einem Satz also ein Partizip, welches im Ablativ steht, so handelt es sich mit großer Wahrscheinlichkeit um einen Abl. abs.! Zur besseren Kontrolle über die Konstruktion empfiehlt es sich, zunächst temporal zu übersetzen, ein PPP mit »nachdem«, ein PPA mit »während«. Im Allgemeinen gelten o. g. Übersetzungsmöglichkeiten, die du dir gut einprägen musst. Übersetze den Abl. abs. deshalb nie wörtlich wie einen »normalen« Ablativ.

Participium coniunctum (PC)

Das PC ist eine weitere Partizipialkonstruktion, für die selbige Übersetzungsmöglichkeiten (s. o.) gelten. Das Partizip stimmt hierbei ebenso mit dem dazugehörigen Nomen in Kasus und Numerus (Fall und Zahl) überein, muss jedoch keine Ablativ-Form sein. In den wenigsten Fällen solltest du ein PC wörtlich übersetzen. Das Buch enthält einige Übungen zu diesen Satzkonstruktionen.

Übersicht behalten

Da Cicero mitunter recht lange Sätze zusammenstellt, kann der arme Lateinschüler leicht die Übersicht verlieren. Daher empfehle ich dir, wo immer möglich, die Methode des Trennens und Blockens anzuwenden.

Trennen
Da sich unsere lateinischen Textausgaben in der Regel der modernen Zeichensetzung (Interpunktion) bedienen, endet ein Satz logischerweise nach einem Punkt (.). Abschlüsse, zumindest für das Übersetzen, bieten auch der Doppelpunkt (:) und das Semikolon (;). Die Satzzeichen geben also schon einmal wichtige Hinweise auf den logischen Aufbau des Satzes.
Besonders für Anfänger eignet sich die sog. »Einrückmethode«. Du schreibst dir den zu übersetzenden Satz auf ein Blatt oder in dein Heft und rückst ihn nach Sinn und Grammatik auf mehrere Zeilen.
Neben den o. g. Satzzeichen dienen auch Konjunktionen wie »et« oder das angehängte »-que« als Abschluss einer Einheit bzw. markieren den Beginn einer neuen Einheit.
Beispiele für solche grafische Darstellungen, um einen komplexeren Satz zu analysieren, findest Du in diesem Buch weiter hinten.

Blocken

Durch das Blocken (Abtrennen von Wortblöcken, also zusammengehörigen Wörtern) kannst du ebenfalls mehr Übersichtlichkeit schaffen.

Zunächst genügt es, wenn du Wendungen/Phrasen und Präpositionen mit ihren Bezugswörtern »blockst«. Außerdem kannst du Substantive mit Bezugswörtern (speziell auf KNG-Kongruenz achten) zusammenstellen.

Kleines Beispiel: AbL.

Constrictam iam horum omnium scientia teneri coniurationem tuam non vides?

Zur Auflösung:

„constrictam" passt mit „coniurationem tuam" zusammen.

„horum omnium" passt zusammen; mit etwas Vorwissen sieht man direkt, daß dies eine Wortgruppe mit „scientia" bildet.

„non vides" ist ein weiterer Wortblock (nämlich das Prädikat).

Da das Prädikat in der 2. Person steht, kann scientia nicht Nominativ sein, muss also Ablativ sein. Das Subjekt ist das angesprochene „du".

Somit kannst du die Übersetzung beginnen.

> „Siehst du nicht?" ... rechne hier mit einem AcI! Du findest tatsächlich einen Akk. und einen Infinitiv.

> „Siehst du nicht, daß deine Verschwörung ‚eingeschnürt festgehalten' wird?" ... jetzt noch den Ablativ einbauen.

> „eingeschnürt durch das Mitwissen von allen diesen" ... jetzt alles zusammen!

> „Siehst du nicht, daß deine Verschwörung festgehalten wird, eingeschnürt durch das Mitwissen von allen diesen?"

Das war's!

Grundsätzlich solltest du in jedem Satz zunächst nach Prädikat und Subjekt Ausschau halten. Dies erleichtert dir die Arbeit in der Folge enorm. Wir werden im weiteren Verlauf dieses Buchs immer wieder auf diese Methode zurückkommen.

Tabellarische Biographie

Bereits vor der ersten Lektion möchte ich dir mit dieser tabellarischen Übersicht über das Leben Ciceros einige Hintergrundinformationen mit auf den Weg geben, die dir sicher nützlich sind, um die ausgewählten Texte in den übergeordneten Kontext einordnen zu können. Historische bzw. politische Ereignisse sind in einer separaten Spalte aufgeführt, insofern als sie für Ciceros Leben von unmittelbarer Bedeutung sind.

Jahr	Biographie Ciceros	Historisches/Politisches
106	geboren in Arpinum (ca. 100 km südöstlich von Rom)	
91	Studium in Rom (Rhetorik, Recht, Philosophie, Dichtkunst)	
88-82		Putsch des Sulla (spätere Diktatur 82-79); Bürgerkrieg zwischen Sulla und Marius, Terrorregime von Cinna
80	Pro Sex. Roscio Amerino: seine erste große öffentliche Rede (Verteidigung des Sextus Roscius während der Diktatur Sullas)	
79-77	Reise nach Griechenland, Kleinasien, Rhodos (philosophische und rhetorische Ausbildung)	
75	Beginn der Ämterlaufbahn als Quaestor in Sizilien	
70	gilt nach dem Repetundenprozess gegen Verres als bedeutendster Redner Roms	
69	kurulischer Ädil	
66	Praetor	
63	Konsul	Aufdeckung der Catilinarischen Verschwörung (Cicero hält vier Reden gegen Catilina)
60		erstes Triumvirat von Caesar, Pompeius, Crassus
59		Caesar Konsul
58	geächtet; geht ins Exil nach Griechenland (seine politischen Feinde sind u.a. Caesar und Clodius)	Caesar Prokonsul in den gallischen Provinzen → Gallischer Krieg (bis 51)

57	ehrenvolle Rückkehr aus dem Exil (dank Pompeius' Vermittlung)	
55	politisch zunehmend isoliert, Rückzug aus der Politik, vermehrte Beschäftigung mit Philosophie und Rhetorik	
53-52		Bandenkämpfe in Rom zwischen Anhängern des Clodius und des Milo; anarchische Zustände, weil durch die Bandenkämpfe ordentliche Magistratswahlen verhindert werden; Pompeius stellt als consul sine collega die Ordnung wieder her
51	Prokonsul in Kilikien, militärische Erfolge gegen die Parther	
49	im Bürgerkrieg Vermittlungsversuche zwischen Caesar und Pompeius (ohne Erfolg), unterstützt danach Pompeius	Pompeius soll Staat gegen Caesar schützen, es kommt zum Bürgerkrieg (bis 46)
48	von Caesar nach der Schlacht von Pharsalos (Niederlage der Pompeianer) begnadigt	Tod des Pompeius nach Pharsalos
46		erneuter Sieg gegen die Pompeianer bei Thapsus, Caesar triumphiert und wird Diktator auf zehn Jahre (!)
45	Forderung an Caesar, Republik wiederherzustellen (ohne Erfolg)	Caesar Diktator auf Lebenszeit (!) sowie Imperator als vererbbarer Titel (!)
45-44	zahlreiche philosophische Schriften entstehen	
44	unterstützt nach Ermordung Caesars Oktavian, ruft offen zum Kampf gegen Antonius auf → hält 14 Philippische Reden gegen Antonius	Ermordung Caesars, es entbrennt ein neuer Konflikt zwischen Antonius (hat Ambitionen, die Alleinherrschaft von Caesar weiterzuführen) und Oktavian (von Caesar adoptiert, später Augustus)
43	auf Proskriptionsliste des Antonius, wird von dessen Anhängern ermordet	zweites Triumvirat von Oktavian, Antonius und Lepidus; umfangreiche Proskriptionen in Rom

Allgemeine Übersetzungstipps

- Lies dir den Text zuerst ein oder mehrere Male still durch. Keine Panik, wenn du nicht auf Anhieb alles verstehst! Versuch dir einfach erst mal einen Überblick über den Inhalt zu verschaffen. Von welchen Personen, Orten, Sachverhalten ist die Rede? Falls ein Titel oder eine deutsche Einführung vorhanden ist, beachte auch diese Informationen genau.

- Versuche dann als erstes den Aufbau eines Satzes zu analysieren. (Das beginnt übrigens schon beim genauen Beachten der Interpunktion – ein Aspekt, den viele zu wenig berücksichtigen, denn die Interpunktion sagt uns schon sehr viel über die Logik des Satzes!) Wo hast du Hauptsätze, Nebensätze, Aufzählungen? Streiche dir unbedingt die Nebensatzeinleitungen an, Aufzählungen kannst du ebenfalls markieren (die Gliederungselemente wie etwa et... et... anstreichen). Wenn du ein kompliziertes Gefüge aus mehreren Nebensätzen hast (womöglich noch ineinander verschachtelt): nur keine Panik. Das ist bei Cicero fast an der Tagesordnung. Aber es gibt eine allgemeine Verhaltensregel, die dich bei solchen Sätzen zuverlässig zum Erfolg führt: Divide et impera! Ich werde dir noch an konkreten Beispielen zeigen, wie du vorgehen kannst.

- Auch das Subjekt sowie die verbalen Teile würde ich mir anstreichen. Pass auf, wo du Verben hast, die im Konjunktiv stehen. Wo gibt es Infinitive, Partizipien? Vielleicht siehst du jetzt auch schon einen Abl. abs. oder eine Gerundivkonstruktion.

- Dann versuche Wortblöcke zu bilden, das heißt, diejenigen Wörter zusammen zu gruppieren, die eine Sinneinheit bilden. Insbesondere achte auch auf die Wörter, die in KNG-Kongruenz stehen (auch wenn sie nicht unmittelbar nebeneinander stehen sollten), die also hinsichtlich der Wortform zusammenpassen.

- Jetzt kannst du mit der Übersetzung beginnen, ausgehend von Subjekt und Prädikat. Nimm die vorher bestimmten

Wortblöcke nach und nach an die Reihe und baue deinen Satz auf diese Weise zusammen.

- Wichtig ist, dass du die so entstandene Übersetzung dann noch weiter ausfeilst. Achte auf einen einigermaßen elegant klingenden deutschen Wortlaut. Lieber einmal eine etwas freiere Übersetzung wählen, als stur am lateinischen Wortlaut zu kleben – so lautet mein persönliches Credo. Das kannst du auch an meinen Musterübersetzungen oftmals erkennen. Allerdings ist es manchmal ein etwas heikles Abwägen, wie weit man gehen darf, ohne dass es dann als falsch eingestuft wird. Eine allgemeine Verhaltensregel kann ich dir hier leider nicht geben. Ich kann dir nur empfehlen, die individuellen Vorlieben deines Lehrers/Dozenten herauszufinden und dich daran zu orientieren.

Diese allgemeinen Tipps müssten für den Anfang eigentlich genügen. Nun gehen wir doch mit der ersten Lektion direkt zur Sache! Dort werde ich diese Ausführungen auch noch ein wenig konkretisieren.

1. Tag

Nun also zur ersten Lektion! Ich habe für dich hier einige Einzelsätze aus der ersten Rede gegen Catilina (Hintergrundinformationen dazu gibt es in der 2. Lektion) herausgesucht, die ich zudem leicht vereinfacht habe. Ideal also zum Fitwerden...

Um dich an ein systematisches Vorgehen zu gewöhnen, werde ich dir zu den einzelnen Sätzen einige Fragen stellen. Anschließend kannst du eine Übersetzung anfertigen. Die Antworten auf die Fragen sowie die Musterübersetzung findest du im Anhang. Und los geht's!

1) Castra sunt in Italia contra populum Romanum collocata.

a. Suche das Subjekt/Prädikat heraus.
b. Welche Wortblöcke aus Präposition und davon abhängigem Wort kannst du ausmachen?
c. Auf welche Frage antwortet das *in* hier? Wieso?

2) Crescit in dies singulos hostium numerus.

a. Suche auch hier das Subjekt/Prädikat heraus. (Sicher weißt du, dass das Subjekt keineswegs zwingend am Satzanfang stehen muss!)
b. In welchem Kasus (Fall) steht *hostium*, und zu welchem Wort ist es zu ziehen?

singulus: einzeln
in dies singulos kannst du nicht wörtlich ins Deutsche übertragen. Kannst du erraten, was es heißen soll?

Bis hierhin alles einigermaßen klar? Ich will es doch hoffen. Jetzt kommt schon ein etwas längerer Satz, der aber nicht unbedingt „schwieriger" sein muss!

3) Eorum autem castrorum imperatorem ducemque hostium intra moenia atque in senatu videmus.

a. Auf die Gefahr hin, mich zu wiederholen: wo ist das Subjekt/Prädikat?
b. *hostium* ist offensichtlich dieselbe Form, die schon in Satz 2

vorgekommen ist. Zu welchem Wort ist es hier zu ziehen?

c. Siehst du Wortblöcke aus Präposition und davon abhängigem Wort?

d. Was ist *eorum* für ein Wort? Mit welchem Wort bildet es hier eine Wortgruppe?

e. Welche Gliederungselemente für Aufzählungen kannst du erkennen?

intra: innerhalb

moenia, -ium (nur Pl.): Stadtmauern

> **4) Templa deorum immortalium, tecta urbis, vitam omnium civium, Italiam totam ad exitium et vastitatem vocas.**

a. Suche das Subjekt/Prädikat.

b. Nenne mir alle Wörter, die im Genitiv stehen.

c. Erkennst du in diesem Satz eine Aufzählung?

d. In welchem Fall stehen *templa* und *tecta*? Ist das eindeutig erkennbar?

e. Steht *omnium* mit *vitam* oder mit *civium* in KNG-Kongruenz?

tectum: Dach (als *pars pro toto* auch im Sinn von „Haus" üblich)

exitium: Untergang

vastitas, -tis: Verwüstung

> **5) Exire ex urbe iubet consul hostem.**

Hier wieder ein deutlich kürzerer Satz. Aber auch bei diesem systematisch vorgehen!

a. Suche das Subjekt/Prädikat.

b. Welche weiteren verbalen Teile außer dem eigentlichen Prädikat findest du? Benenne sie.

c. In welchem Kasus steht *urbe*? Warum ist dieser Fall erforderlich?

d. In welchem Kasus steht *hostem*? Warum?

> **6) Quid est enim, Catilina, quod te in hac urbe delectare possit?**

a. Bestimme mir hier zuerst einmal Haupt- und Nebensätze.

b. Suche alle Verben heraus und bestimme sie genau.

c. Was für Wörter sind *quid* und *quod*, was ist *hac*? Falls du unsicher

bist, empfehle ich dir sehr dringend, in der Grammatik nachzulesen, da du diese Wörter auf Schritt und Tritt antreffen wirst!
d. In welchem Kasus steht *te*? Warum ist dieser Fall erforderlich?

7) Nemo est, qui te non metuat, nemo, qui non oderit.

a. Wo hast du hier Nebensätze; um welche Nebensatzart handelt es sich?
b. Bestimme die Verben genau. Welche Besonderheit ist zu vermerken?

8) Potestne tibi haec lux, Catilina, aut huius caeli spiritus esse iucundus?

a. Bestimme hier wieder einmal das Subjekt/Prädikat.
b. Was sind *haec* und *huius* für Formen? Auf welche Wörter beziehen sie sich?

9) Neque enim sunt aut obscura aut non multa commissa postea.

a. Kannst du *commissa* zuordnen?
b. Wo siehst du Gliederungselemente für eine Aufzählung?
c. Bestimme *obscura* und *multa*. Wie übersetzt du es?

10) Ac iam illud omitto, quotiens me consulem interficere conatus es.

a. Suche alle Verben heraus und bestimme sie. Welche Besonderheit ist zu vermerken?
ac: und (Kurzform von *atque*); omittere: übergehen; *quotiens*: wie oft

Wie ist es dir bis jetzt ergangen? Ich hoffe, du hast bis hier durchgehalten! So schwierig war es ja nicht. Für heute gebe ich dir jetzt noch einen letzten Satz:

11) Servi mei si me isto pacto metuerent, ut te metuunt omnes cives tui, domum meam relinquendam putarem.

a. Streiche die Nebensatzeinleitungen an. Was für NS-Arten erkennst du?

b. Bestimme mir die Verben. Wo siehst du Konjunktive, und was bedeuten sie?
c. Kannst du mit der Form *relinquendam* etwas anfangen?

isto pacto: auf diese Weise

... und damit wäre die 1. Lektion auch schon überstanden!

2. Tag

Nach der 1. Lektion mit vereinfachten Einzelsätzen kommen wir heute zu einem ersten zusammenhängenden Textabschnitt. Aber auch dieser enthält teilweise noch recht kurze, einfache Sätze. Ich hoffe, du bist bereit zum Weiterarbeiten!

Fragen zu den einzelnen Sätzen in der Art, wie ich sie in der 1. Lektion gestellt habe, werde ich nicht mehr anbringen. Ich setze voraus, dass du die Sätze jetzt selbständig nach dem Prinzip jener Fragen analysieren kannst, und ich möchte dich auch bitten, dieses Vorgehen tatsächlich beizubehalten. Allerdings wirst du nach dem Übersetzen des ganzen Texts einige Aufgaben vorfinden, die der erneuten Repetition verschiedener grammatikalischer Bereiche dienen. Natürlich gebe ich dir bei komplizierten Sätzen auch noch Hilfestellungen, also nur keine Sorge! Vokabeln sind ab jetzt im Normalfall nur dann angegeben, wenn sie im Wörterbuch nicht ohne weiteres gefunden werden können oder in einer sehr speziellen Bedeutung gebraucht werden. Andernfalls schlage sie bitte nach, um dir von Anfang an Routine in der Benutzung des Wörterbuchs zu erwerben.

Lies den Text nun einfach mal still durch, wie ich in meinen allgemeinen Tipps schon gesagt habe. Es handelt sich um den Beginn der ersten Rede gegen Catilina (vgl. Infobox). Übrigens, die Unterstreichungen im Text sollen dir anzeigen, dass unter den Hinweisen etwas zu dieser Stelle zu finden ist. Dies werde ich auch in den künftigen Lektionen so handhaben.

In Catilinam 1, 1-3 (166 Wörter)

wie sehr

[1] Quo usque tandem abutere, Catilina, patientia nostra? Quam diu etiam furor iste tuus nos eludet? Quem ad finem sese effrenata iactabit audacia? Nihilne te nocturnum praesidium Palati, nihil urbis vigiliae, nihil timor populi, nihil concursus bonorum omnium, nihil hic munitissimus habendi senatus locus, nihil horum ora vultusque moverunt? Patere tua consilia non sentis? Quid proxima, quid superiore nocte egeris, ubi fueris, quos convocaveris, quid consilii ceperis, quem nostrum ignorare arbitraris? [2] O tempora, o mores! Senatus haec intellegit. Consul videt; hic tamen vivit. Vivit? Immo

vero etiam in senatum venit, fit publici consilii particeps, notat et designat oculis ad caedem unumquemque nostrum. Nos autem fortes viri satis facere rei publicae videmur, si istius furorem ac tela vitemus. Ad mortem te, Catilina, duci iussu consulis iam pridem <u>oportebat</u>, in te conferri pestem, quam tu in nos omnes iam diu machinaris. [3] An vero vir <u>amplissumus</u>, P. Scipio, pontifex maximus, Ti. Gracchum mediocriter <u>labefactantem</u> statum rei publicae privatus interfecit, Catilinam orbem terrae caede atque incendiis vastare cupientem nos consules perferemus?

quo: wohin

abutere: Nebenform für *abuteris* (von *ab-uti* „missbrauchen", denk daran, dass *uti* stets den Ablativ verlangt)

nihil ... moverunt: *nihil* hier als „überhaupt nicht" übersetzen (kommt recht häufig vor!)

Palatium: einer der Hügel Roms (wo Cicero ein Haus besaß)

munitissimus: Superlativ zu *munitus* „gesichert", also „sehr gut gesichert" o.ä.

habendi: Gerundivum, das mit *senatus* zusammengehört (vgl. G1).

quid proxima...: Suche in diesem doch recht langen Satz zuerst das HS-Prädikat, das im Indikativ steht. Alle konjunktivischen Nebensätze (beachte die Einleitungen!) sind dann von diesem abhängig. Zu den Konjunktivformen im Übrigen vgl. G2.

proxima nox: vergangene Nacht; *superior nox*: die Nacht davor, also die vorletzte Nacht.

fit: vgl. G3.

oportebat: das Imperfekt kann in gewissen Fällen auch eine Irrealis-Bedeutung haben: „es wäre nötig gewesen".

amplissumus: archaisierende (ältere) Nebenform des Superlativs statt *amplissimus*

P. Scipio, Ti. Gracchus: Cicero nimmt hier Bezug auf die gescheiterten Agrarreformen von 133 v. Chr., wobei ihr Initiant, der Volkstribun Tiberius Gracchus, ermordet wurde. An der Ermordung war sein Verwandter Publius Cornelius Scipio Nasica maßgeblich beteiligt.

Gracchum ... labefactantem ... interfecit: vgl. G4.

G1

munitissimus habendi senatus locus

Das **Gerundivum** in KNG-Kongruenz (hier übereinstimmend mit *senatus*) steht in manchen Konstellationen anstelle eines

Gerundiums mit Akkusativobjekt. Zur Aufschlüsselung kannst du folgendermaßen vorgehen:

locus habendi = der Ort des Haltens, des Abhaltens → der Ort, um etwas abzuhalten

→ nämlich um was abzuhalten? → *habendi senatus* = um eine Senatssitzung abzuhalten

G2

Bei *egeris, fueris, convocaveris, ceperis* handelt es sich durchwegs um Formen des Konjunktiv Perfekt. Nun, was bedeuten sie hier? Es sind alles aneinandergereihte indirekte Fragesätze, denn es geht ja darum, dass Catilina vielleicht meint, einer der Anwesenden wisse über etwas nicht Bescheid – nämlich: *quid egeris*. Der Konj. Perf. drückt nun gemäß der **CT** (Consecutio Temporum; Regeln für die Zeitenfolge im Lateinischen) die Vorzeitigkeit gegenüber der Gegenwart aus, d.h. dass sich dies auf einer früheren Zeitstufe abgespielt hat. Im Deutschen kannst du es hier mit einem einfachen Perfekt lösen: „..., was du gemacht hast." Der Konjunktiv hat also in diesem Fall aufs Deutsche keine Auswirkung.

Hier hast du noch die kompletten Regeln der CT, auch zum Nachschlagen in einem späteren Fall.

Gleichzeitigkeit wird ausgedrückt:

nach Präs./Fut.:	Konj. Präs.
nach Vgh.-Tempus:	Konj. Impf.

Vorzeitigkeit wird ausgedrückt:

nach Präs./Fut.:	Konj. Perf.
nach Vgh.-Tempus:	Konj. Plqpf.

G3

fieri ist ein häufiges Verb, das spezielle Eigenschaften hat: der Inf. Präs. sieht wie ein passiver Infinitiv aus, der gesamte Präsensstamm wird aber aktiv konjugiert:

Präs. fio, fis, fit, fimus, fitis, fiunt
Imperf. fiebam usw.
Futur fiam, fies, fiet usw.
Konjunktive: fiam, fias usw. / fierem, fieres usw.

Im Perfektstamm heißt es: factus sum usw., es handelt sich hier also im Prinzip um das Passiv zu *facere*.

Die Bedeutung des Verbs ist: „werden, geschehen, entstehen, gemacht werden"
Die Textstelle *fit particeps* heißt also: „er wird zum Teilnehmer".

G4

Gracchum labefactantem interfecit
labefactantem ist ein Partizip Präsens, und zwar im Akk. Sg., es bezieht sich also auf *Gracchum*. Wir sprechen hier von einem **Participium Coniunctum**. Dies ist eine satzwertige Konstruktion, das heißt, sie ersetzt mir einen ganzen (Teil-)satz und kann auch in einen eigenen Satz zurückverwandelt werden. Eine wörtliche Übersetzung wirkt im Deutschen vielfach zu umständlich, ich empfehle sie dir deshalb nicht unbedingt. Hier für dich zur Repetition nochmals die Möglichkeiten zur Übersetzung:

> > mit HS: „Gracchus brachte den Staat ins Schwanken. Scipio tötete ihn."
> > mit NS: „Scipio tötete Gracchus, als/weil/obwohl/während er den Staat ins Schwanken brachte."
> > mit Präpositionalausdruck: „Scipio tötete Gracchus wegen/trotz des ..." (geht in diesem konkreten Beispiel schlecht)

Im zweiten Satzteil hast du mit *cupientem* noch ein zweites solches Partizip. Versuche dieses jetzt mit den Informationen, die ich dir soeben gegeben habe, selbständig aufzulösen.

A

a. Nenne mir aus dem Text alle Futurformen. Wenn du dir über die Bildungen des Futurs nicht sicher bist, lies zuerst in der „Überlebensgrammatik" nach.
b. Sammle ebenfalls alls Passivformen. Welche davon sind „unechte" Passivformen, da sie aktive Bedeutung haben (Deponentien)?

c. Welche Formen des Pronomens *hic, haec, hoc* und von *iste, ista, istud* kannst du finden?

I: Catilina und seine Verschwörung

L. Sergius Catilina stammte aus einer patrizischen Familie – die Sergii hatten ihre große Zeit in der frühen Republik. Im Regime Sullas hatte er sich tüchtig an den damals üblichen Machenschaften beteiligt: Er soll nebst anderen „Glanztaten" seinen Bruder sowie seinen Schwager ermordet haben.

Er begann dann eine Ämterlaufbahn. 65 und 64 wurde seine Wahl zum Konsul verhindert, weil er in einen Repetundenprozess verstrickt war. Diesen Prozess konnte er zwar beenden, indem er die Richter bestach, dadurch büßte er aber sein Vermögen ein. Dass sich die Optimaten nicht für ihn einsetzten, ist eine Ursache für seinen späteren Hass auf sie. Seit Ende 66 traf er schon Vorbereitungen für einen Putsch.

Auch 63 scheiterte seine Bewerbung um das Konsulat – dies war dann bekanntlich das Konsulatsjahr Ciceros. Auch für 62 bewarb sich Catilina erneut, aber schon vor der Wahl bereitete er eine Verschwörung mit anderen Desperados vor: darunter waren enttäuschte Aristokraten, Veteranen aus der Zeit Sullas, Verbrecher usw. Es fand eine Versammlung der Verschwörer in seinem Haus statt, wobei er ihnen Schuldentilgung versprach, falls es ihm wirklich gelingen sollte, den Putsch auszuführen. Catilina fiel jedoch bei der Wahl erneut durch. Darauf sollte Cicero ermordet werden, wurde aber gewarnt. Im Senat hielt er vier Reden gegen Catilina; der Textausschnitt in dieser Lektion stammt aus der ersten dieser vier Reden. Das Resultat davon war, dass Catilina selbst die Stadt verließ und seine Verschwörer verhaftet wurden. Obwohl sich der spätere Diktator Caesar dagegen einsetzte, wurden sie hingerichtet. Aufgrund der rechtlichen Situation war dieser Ausgang allerdings problematisch, was später einer der Gründe für Ciceros erste Verbannung werden sollte.

Interessant zu lesen ist die überaus drastische Schilderung von Catilinas Dunstkreis in der Monographie des Geschichtsschreibers Sallust:

„Da nun das Volk so mächtig und so verdorben war, hielt sich Catilina, was ganz leicht zu beschaffen war, Scharen von Lotterbuben und Verbrechern aller Art als ständige Begleiter, wie Leibwächter. Denn alle Ehebrecher, Schlemmer, Spieler, die mit Knöcheln, Schlampen, Huren ihr Erbe verzettelt hatten, alle, die große Schulden gemacht hatten, um sich von Prügelstrafe und Brandmarkung loszukaufen, aus allen Ländern alle Meuchelmörder und Tempelräuber, Verbrecher, die überführt waren oder wegen ihrer Taten in Angst vor den Gerichten schwebten, ferner alle, die mit der Hand oder der Zunge durch Meineid oder Bürgermord ihr Brot erwarben, kurz alle, die Schmach, Dürftigkeit, Gewissen nagte, waren Catilinas nächste Freunde und Vertraute. Wenn aber einer noch frei von Schuld unter seine Freunde geraten war, so wurde er durch den täglichen Umgang und die Verführung schnell den anderen ebenbürtig gemacht. Am meisten aber suchte sich Catilina in das Vertrauen junger Männer zu stehlen. Solche bildsame, jugendlich schwankende Seelen ließen sich ohne Mühe in seinen Schlingen fangen. Je nach ihrer Jugendpassion verschaffte er den einen Dirnen, anderen kaufte er Hunde und Pferde, kurz: keine Ausgabe, keine Dienstwilligkeit ließ er sich verdrießen, um sie nur an sich zu ketten und sie sich treu und ergeben zu machen." (Übers. nach E. Gottwein)

Es soll an dieser Stelle nicht verschwiegen werden, dass in der neueren Forschung Zweifel an der traditionellen Darstellung der Catilinarischen Verschwörung aufgekommen sind. Die Quellenlage ist problematisch, da uns im Wesentlichen nur die Perspektive der Sieger überliefert ist. Man kann sich aber leicht vorstellen, dass Cicero in seinen Reden ein massiv überzeichnetes Bild von Catilina und seinen Spießgesellen zeigt, um ihn in ein umso schlechteres Licht zu rücken – ihn, den Revolutionär, der den althergebrachten status quo bedrohte. Auch Sallusts Darstellung übernimmt nur diese Perspektive.

3. Tag

Ich gebe dir heute einen zweiten Ausschnitt aus der ersten Rede Ciceros gegen Catilina. Am Vorgehen ändert sich prinzipiell nichts; einige kleinere Übersetzungshilfen sind direkt angegeben, umfangreichere Erklärungen zur Grammatik sind unter den Abschnitten G zu finden. Einzelne unbekannte Wörter kannst du nachschlagen. Nun wünsche ich dir viel Erfolg mit diesem Textstück!

In Catilinam 1, 9-11 (198 Wörter)

[9] Fuisti igitur apud Laecam illa nocte, Catilina, distribuisti partes Italiae, statuisti, quo quemque proficisci placeret, delegisti, quos Romae relinqueres, quos tecum educeres, discripsisti urbis partes ad incendia, confirmasti te ipsum iam esse exiturum, dixisti paulum tibi esse etiam nunc morae, quod ego viverem. Reperti sunt duo equites Romani, qui te ista cura liberarent et sese illa ipsa nocte paulo ante lucem me in meo lectulo interfecturos pollicerentur. [10] Haec ego omnia vixdum etiam coetu vestro dimisso comperi; domum meam maioribus praesidiis munivi atque firmavi, exclusi eos, quos tu ad me salutatum mane miseras, cum illi ipsi venissent, quos ego iam multis ac summis viris ad me id temporis venturos esse praedixeram.
Quae cum ita sint, Catilina, perge, quo coepisti, egredere aliquando ex urbe; patent portae; proficiscere! Nimium diu te imperatorem tua illa Manliana castra desiderant. Educ tecum etiam omnes tuos, si minus, quam plurimos; purga urbem! Magno me metu liberabis, dum modo inter me atque te murus intersit. Nobiscum versari iam diutius non potes; non feram, non patiar, non sinam. [11] Magna dis immortalibus habenda est atque huic ipsi Iovi Statori, antiquissimo custodi huius urbis, gratia, quod hanc tam taetram, tam horribilem tamque infestam rei publicae pestem totiens iam effugimus.

Laeca: Im Haus des M. Porcius Laeca fand die Versammlung der Verschwörer statt.
confirmasti: verkürzte (kontrahierte) Form für *confirmavisti*
paulum: gehört mit *morae* zusammen, obwohl es recht weit davon entfernt steht: „ein weniges an Aufschub", „eine kleine Verzögerung"
quod: vgl. G1.
sese interfecturos pollicerentur: von *polliceri* hängt ein Aci ab; in Aci-Konstruktionen mit einem Partizip und dem Hilfsverb *esse* lässt

Cicero sehr oft das Hilfsverb weg.

coetu vestro dimisso: Abl. abs.; vgl. G2.

salutatum miseras: Supinum I; vgl. G3.

cum ... venissent: vgl. G4.

id temporis: zu dieser Zeit

quae cum ita sint: da sich das so verhält, da es nun so ist, „unter diesen Umständen" (merken!)

illa Manliana castra: Catilina hatte C. Manlius, einen ehemaligen Hauptmann unter Sulla, rekrutiert, um den bewaffneten Aufstand zu organisieren. Das *illa* hat hier den Beigeschmack des „allgemein Bekannten"; Cicero möchte hervorheben, dass man über das Vorhandensein dieses Lagers genau Bescheid weiß.

quam plurimos: *quam* + Superlativ heißt „möglichst ..." (merken!)

magna ... habenda ... gratia: vgl. G5.

Iovi Statori: Iuppiter Stator ist der „Iuppiter, der die Feinde zum Stehen bringt" und natürlich Schutzpatron der Stadt. Die Senatssitzung fand im Tempel des Iuppiter Stator statt; das *huic* darf man wohl so verstehen, dass Cicero bei diesen Worten auf die Iuppiterstatue zeigt.

G1

quod ist ein mehrdeutiges Wort und daher manchmal nicht ganz einfach zu deuten. Präge dir folgende Möglichkeiten gut ein:

> Relativpronomen *qui, quae, quod* in der neutralen Form: „das, welches"
> Einleitung eines Kausalsatzes: "weil"
> sog. "faktisches *quod*": „die Tatsache, dass"

G2

coetu vestro dimisso ist ein **Ablativus absolutus** (Abl. abs.). Ein Partizip und ein Bezugswort stehen beide im Ablativ. Zur Erkennung des Abl. abs. sollten bei dir also immer die Warnlichter angehen, sobald du ein Partizip im Ablativ siehst. Zwar heisst das noch nicht unbedingt, dass ein Abl. abs. vorliegt, aber prüfe zumindest die Möglichkeit!

Es handelt sich, ähnlich wie beim PC (vgl. 2. Tag/G4), um eine satzwertige Konstruktion; auch die Übersetzungsmöglichkeiten sind ähnlich (nur eine wörtliche Übersetzung kommt nicht in Frage, da es eine solche Konstruktion im Deutschen einfach nicht gibt).

Übersetzungstechnik: nachdem du die Elemente des Abl. abs. identifiziert hast, bilde daraus einen eigenen Satz nach folgenden Regeln:

> das Partizip wird zu einem Vollverb
> das Bezugswort wird zu einem Subjekt

In vorliegendem Beispiel: „Eure Versammlung wurde aufgelöst."
Dies kann man nun noch in einen Nebensatz verwandeln, den man an die Hauptaussage des Satzes anknüpfen kann: „weil/nachdem/ obwohl/als eure Versammlung aufgelöst worden war ..."
Oder als Präpositionalausdruck: „nach/wegen/trotz der Auflösung eurer Versammlung ..."

G3

salutatum miseras: bei der Form *salutatum* handelt es sich um ein sogenanntes Supinum I. Dieses sieht gleich aus wie das PPP in der neutralen Form, hat aber eine andere Bedeutung. Präge dir folgende Regel ein:

> **Das Supinum I auf -um steht nach Verben der Bewegung, des Schickens etc. und bezeichnet den Zweck.**

salutatum miseras heißt hier also: „du hattest geschickt, *um zu begrüßen*". Bei Cicero kommt das Supinum I allerdings nicht sehr häufig vor – weit seltener als z.B. bei Caesar.

G4

cum ... venissent: die Konjunktion *cum* ist hier mit dem Konjunktiv verbunden. Hier für dich zur Repetition noch einmal die wichtigsten Bedeutungen, die *cum* in Verbindung mit dem Konjunktiv haben kann:

> als/nachdem
> weil
> obwohl
> während (nicht temporal, sondern adversativ im Sinn von "während andererseits")

Die Wahl des Konjunktivs richtet sich in den *cum*-Nebensätzen nach den Regeln der CT (vgl. 2. Tag/G2). Das heißt für den vorliegenden Fall, dass *venissent* die Vorzeitigkeit ausdrückt. In deiner Übersetzung müsstest du also ein Plusquamperfekt wählen: „nachdem/weil/ obwohl sie gekommen waren"

G5

habenda est ... gratia

habenda ist ein Gerundiv. Das Gerundivum bezeichnet etwas, was getan werden soll/muss. Bei Verbindung mit dem Hilfsverb *esse* kannst du direkt mit „sollen"/"müssen" übersetzen.
habenda est gratia heißt also: „es *muss* Dankbarkeit *erwiesen werden*"

Bei Gebrauch <u>ohne</u> das Hilfsverb *esse* empfehle ich dir die Übersetzung mit „zu".
Bsp. *librum legendum tibi do*: „Ich gebe dir ein zu lesendes Buch" oder „Ich gebe dir ein Buch zum Lesen". Vergleiche bitte auch 2. Tag/G1.

Soll der „Täter" ausgedrückt werden, so steht er im Dativ. Beispielsweise *nobis habenda est gratia* würde dann heißen: *„von uns* muss Dankbarkeit erwiesen werden", oder schöner ins Aktiv gewendet: „wir müssen Dankbarkeit erweisen"

A

Suche mir aus dem heutigen Text alle Perfekt- und Plusquamperfekt-formen (inkl. Konjunktiven und Passivformen) heraus und sortiere sie nach den verschiedenen Personalformen.

4. Tag

Wie ist es dir am 3. Tag ergangen? Ich hoffe, gut – dann bist du sicher auch heute wieder motiviert, einen neuen Text in Angriff zu nehmen. Die heutige Lektion ist eine gute Wörterbuchübung, da eine ganze Reihe von speziellen Vokabeln vorkommen; sieh dir die lange Aufzählung im vierten Satz von §7 an! In einer Klausur sollte dir das Nachschlagen von Wörtern möglichst wenig Zeit wegfressen, und doch solltest du zuverlässig die richtigen Wörter finden. Daher lohnt es sich ganz bestimmt, wenn du dir darin jetzt schon die größtmögliche Routine erwirbst.

Dieser Text stammt aus Ciceros zweiten Rede gegen Catilina, und hier zieht Cicero alle Register seiner Beschimpfungskunst. Die Lateiner kannten selbstverständlich eine sehr breite Palette von Schimpfwörtern despektierlichster Sorte, und selbst ein Cicero war sich nicht zu schade, solche im Bedarfsfall einzusetzen, wie er es hier gegen Catilina und seine Spießgesellen tut.

In Catilinam 2, 7f. und 10 (216 Wörter)

[7] O fortunatam rem publicam, si quidem hanc sentinam urbis eiecerit! Uno mehercule Catilina exhausto levata mihi et recreata res publica videtur. Quid enim mali aut sceleris fingi aut cogitari potest, quod non ille conceperit? Quis tota Italia veneficus, quis gladiator, quis latro, quis sicarius, quis parricida, quis testamentorum subiector, quis circumscriptor, quis ganeo, quis nepos, quis adulter, quae mulier infamis, quis corruptor iuventutis, quis corruptus, quis perditus inveniri potest, qui se cum Catilina non familiarissime vixisse fateatur? Quae caedes per hosce annos sine illo facta est, quod nefarium stuprum non per illum?
[8] Iam vero quae tanta umquam in ullo homine iuventutis inlecebra fuit, quanta in illo? Qui alios ipse amabat turpissime, aliorum amori flagitiosissime serviebat, aliis fructum lubidinum, aliis mortem parentum non modo impellendo, verum etiam adiuvando pollicebatur. Nunc vero quam subito non solum ex urbe, verum etiam ex agris ingentem numerum perditorum hominum collegerat!
[10] Hunc vero si secuti erunt sui comites, si ex urbe exierint desperatorum hominum flagitiosi greges, o nos beatos, o rem publicam fortunatam, o praeclaram laudem consulatus mei! Non

enim iam sunt mediocres hominum lubidines, non humanae ac tolerandae audaciae; nihil cogitant nisi caedem, nisi incendia, nisi rapinas. Patrimonia sua profuderunt, fortunas suas obligaverunt; res eos iam pridem deseruit, fides nuper deficere coepit; eadem tamen illa, quae erat in abundantia, lubido permanet.

eiecerit: Futur II!

uno ... exhausto: Abl. abs.; vgl. 3. Tag/G2! *exhaurire* hier in einer Spezialbedeutung „beseitigen".

hosce: das angehängte –ce dient nur zur Verstärkung; du brauchst es hier nicht speziell zu berücksichtigen.

tanta: suche das Bezugswort; beachte auch, wie *tanta* mit *quanta* korrespondiert!

qui: rel. Anschluss; vgl. G1.

aliis ... aliis: den einen ... den anderen (merken!)

lubidinum: ältere Form für *libidinum* (von Cicero gerne verwendet; ebenso im letzten Satz *lubido* für *libido*.

impellendo: vgl. G2.

secuti erunt, exierint: Futur II!

res: hier im Sinn von „Vermögen" gebraucht; vgl. G3.

G1

Leitet ein Relativpronomen nicht einen Relativsatz, sondern einen Hauptsatz ein (im Lateinischen ist das möglich!), so spricht man von einem *relativischen Anschluss*. Diesen gibt man im Deutschen mit einem Demonstrativpronomen wieder. Vergleiche folgenden beiden Beispiele:

> > Cicero Catilinam accusavit, qui contra rem publicam coniurationem fecerat. → Cicero klagte Catilina an, der eine Verschwörung gegen den Staat gemacht hatte.
> > Cicero Catilinam accusavit. Qui contra rem publicam coniurationem fecerat. → Cicero klagte Catilina an. **Dieser** hatte eine Verschwörung gegen den Staat gemacht.

G2

Das *Gerundium* sieht genau gleich aus wie das Gerundivum; es steht aber im Gegensatz zu diesem nie mit einem anderen Wort in KNG-Kongruenz. Ein Gerundium wirst du zudem auch niemals in einer Pluralform sehen. In der Bedeutung entspricht es dem deklinierten

Infinitiv; vgl. im Deutschen: das Singen, des Singens usw.

Nun zur Übersetzungstechnik im vorliegenden Textbeispiel. Der alleinstehende Ablativ des Gerundiums ist zum Übersetzen wohl am wenigsten einleuchtend. Man muss ihn als einen Instrumentalis interpretieren. Die vorliegende Form *impellendo* heißt also: „durch das Antreiben". Diese Musterübersetzung kann man aber noch verbessern:

Aus dem Kontext ist ersichtlich, dass Catilina derjenige ist, der antreibt, und da das Hauptverb in der Vergangenheit steht, passen wir auch dieses an. Wir können also sagen: "indem er antrieb"

G3

res ist ein „Allerweltswort", das in ganz verschiedenen Spezialbedeutungen verwendet werden kann. Zur Repetition liste ich dir hier die häufigsten davon auf; es lohnt sich mit Sicherheit, wenn du dir diese einprägst.

> **res publica:** Staat
> **res secundae:** günstige Lage, Glück
> **res adversae:** widrige Umstände, Unglück
> **res** als Plural auch „Welt, Natur", in der Philosophie häufig *rerum natura* = „das Wesen der Welt"; auch „Geschichte": *rerum scriptor* = „Geschichtsschreiber
> **res familiaris:** Vermögen
> **res gestae:** Taten
> **res divina:** Gottesdienst
> **res novae:** Umsturz, Revolution

A

Heute möchte ich mit dir gerne den Genitiv repetieren! Suche mir bitte alle Genitivformen aus dem Text heraus.

5. Tag

Nun verlassen wir die Reden gegen Catilina und wenden uns einem anderen Sachthema zu. Historisch ebenfalls von großer Bedeutung sind die 14 sogenannten Philippischen Reden, die Cicero gegen Antonius hielt (vgl. Infobox). Ich gebe dir hier den Anfang aus der vierten Philippischen Rede zur Bearbeitung.

Philippica 4, 1f. und 4 (176 Wörter)

[1] Frequentia vestrum incredibilis, Quirites, contioque tanta, quantam meminisse non videor, et alacritatem mihi summam defendendae rei publicae adfert et spem recuperandae. Quamquam animus mihi quidem numquam defuit, tempora defuerunt, quae simul ac primum aliquid lucis ostendere visa sunt, princeps vestrae libertatis defendendae fui. Quodsi id ante facere conatus essem, nunc facere non possem. Hodierno enim die, Quirites, ne mediocrem rem actam arbitremini, fundamenta iacta sunt reliquarum actionum. Nam est hostis a senatu nondum verbo appellatus, sed re iam iudicatus Antonius.

[2] Nunc vero multo sum erectior, quod vos quoque illum hostem esse tanto consensu tantoque clamore approbavistis. Neque enim, Quirites, fieri potest, ut non aut ii sint impii, qui contra consulem exercitus comparaverunt, aut ille hostis, contra quem iure arma sumpta sunt. Hanc igitur dubitationem, quamquam nulla erat, tamen ne qua posset esse, senatus hodierno die sustulit. C. Caesar, qui rem publicam libertatemque vestram suo studio, consilio, patrimonio denique tutatus est et tutatur, maximis senatus laudibus ornatus est. [4] Quis est enim, qui hoc non intellegat, nisi Caesar exercitum paravisset, non sine exitio nostro futurum Antoni reditum fuisse?

Quirites ist die offizielle Bezeichnung für die römischen Bürger; an dieser Anrede erkennst du, dass Cicero diese Rede nicht an den Senat richtet, sondern an eine Volksversammlung. Dies erkennst du außerdem auch an dem folgenden Wort *contio*, das unmöglich eine Senatssitzung bezeichnen kann.

meminisse: das Perfekt hat Präsensbedeutung (vgl. *odisse*)
recuperandae: ebenfalls zu *rei publicae* ziehen
tempora: hier in einer Spezialbedeutung: „Umstände", und zwar insbesondere „günstige Umstände".

simul ac: sobald als

conatus essem ... possem: zu den Konjunktivbedeutungen vgl. G1.

ne: vgl. G2.

actam: ergänze *esse* (es wurde schon einmal erwähnt, dass bei Cicero das Hilfsverb *esse* im Aci sehr gern weggelassen wird; ich werde zukünftig nicht mehr darauf hinweisen)

multo: „um ein vieles" (Abl. limitationis); z.B. *multo maior* „viel größer"

ut: vgl. G2.

aut ... aut: beachte die Gliederung!

iure: stehender Ausdruck: zu Recht, rechtmäßig (merken!)

ne qua = *ne aliqua* (Merkspruch: „nach *num, si, nisi, ne* fällt der ali in den See!")

C. Caesar: gemeint ist Oktavian (der spätere Augustus), der ja von C. Iulius Caesar adoptiert worden war. Letzterer kann nicht gemeint sein, da er zu diesem Zeitpunkt bereits ermordet worden war.

paravisset: zum Konjunktivgebrauch vgl. G1.

futurum ... fuisse: eine etwas umständliche Art, die Zukunftsperspektive in der Vergangenheit auszudrücken. Du kannst übersetzen: „dass ... geschehen wäre".

G1

In diesem Text gibt es drei Beispiele für den Irrealis. Der Irrealis kann etwas bezeichnen, was man sich nur vorstellt (insbesondere in Kondizionalgefügen mit *si/nisi*), oder auch unerfüllbare Wünsche ("o wenn doch..."); beides in der Gegenwart oder in der Vergangenheit.

Hier für dich zur Repetition die Regeln für den Einsatz des Konjunktivs beim Irrealis:

> **Irrealis der Gegenwart:** Konj. Imperfekt
> **Irrealis der Vergangenheit:** Konj. Plusquamperfekt

Vergleiche folgende Beispiele:

> Si venires, mecum ridere posses. → Wenn du kämest, könntest du mit mir lachen. (Gegenwart)
> Si venisses, mecum ridere potuisses. → Wenn du gekommen wärest, hättest du mit mir lachen können. (Vergangenheit; es ist nicht mehr zu ändern!)

Es ist auch möglich, dass im *si*-Satz ein Irrealis der Vergangenheit steht, im Hauptsatz aber ein Irrealis der Gegenwart. Die zu erfüllende Bedingung liegt also in der Vergangenheit, die Auswirkung dieser Bedingung aber in der Gegenwart. Das ist gerade im Satz mit *conatus essem ... possem* der Fall!

G2

ut/ne ist ein Thema, das ins gleiche Kapitel gehört wie *cum*. Es ist eine Konjunktion mit verschiedenen Bedeutungen, allerdings etwas weniger kompliziert als *cum*. Merke dir, dass du unbedingt zuerst ermitteln musst, ob im *ut*-Satz ein Indikativ oder Konjunktiv steht.

> **Bedeutung von *ut* mit Indikativ: „wie"**

Bsp.: Caesar, ut scimus, interfectus est. → Wie wir wissen, ist Caesar ermordet worden.

> **Bedeutung von *ut* mit Konjunktiv:**
a) damit/um zu;
b) so dass; *ne* heisst „damit nicht"

Bsp. zu a) Cicero coniurationem Catilinae detexit, ut rem publicam defenderet. → Cicero deckte Catilinas Verschwörung auf, **um** den Staat **zu** verteidigen. *(Angabe eines Zwecks = Finalsatz)*

Bsp. zu b) Optime dixit, ut omnes ei assentirentur. → Er sprach sehr gut, **so dass** alle ihm zustimmten. *(Angabe einer Folge/Konsequenz = Konsekutivsatz)*

Bsp. zu ne: Iterum tibi explicabo, ne obliviscaris. → Ich werde es dir nochmals erklären, **damit** du es **nicht** vergisst. *(negierter Finalsatz → Zweck ist, dass etwas nicht eintritt)*

Es gibt noch einige weitere Bedeutungen, die ich hier absichtlich weggelassen habe. So kannst du dich auf die Fälle konzentrieren, die tatsächlich am häufigsten vorkommen.

A

a. Bitte gib mir die Wörter aus dem Text an, die im Ablativ stehen. Beachte, dass die Formen vielfach gleich aussehen wie die

Dativendungen. Du musst dir dann aus dem Satzkontext überlegen, ob es sich tatsächlich um einen Ablativ handelt.

b. Suche mir ebenfalls diejenigen Verbformen heraus, die von einem Deponens stammen, und nenne mir dann dazu den Infinitiv.

I

Ciceros Konsulatsjahr, in das die Aufdeckung der Catilinarischen Verschwörung fiel, war 63 gewesen; nun machen wir einen Zeitsprung nach vorne ins Jahr 44, also rund 20 Jahre später. An den Iden des März jenes Jahres war Caesar ermordet worden; Cicero hegte die Hoffnung, dass die Republik wiederhergestellt werden könne. Marcus Antonius aber zeigte Ambitionen, die Alleinherrschaft Caesars weiterzuführen. Es entbrannten dann wiederum Bürgerkriegshandlungen zwischen Antonius und dem kaum zwanzigjährigen Oktavian, dem späteren Kaiser Augustus. Cicero bezog in seinen 14 Philippischen Reden öffentlich Stellung gegen Antonius und rief offen zum Kampf gegen ihn auf.

Mit der Bezeichnung „Philippische Reden" wird Bezug genommen auf den griechischen Redner Demosthenes, der in gleichartigen Reden zum Kampf gegen Philipp II. von Makedonien aufrief. Cicero lehnte sich im Aufbau seiner Philippischen Reden bewusst an Demosthenes' Reden an.

Das Resultat von Ciceros Reden war für ihn persönlich fatal: Antonius und Oktavian schlossen sich mit Lepidus zu einem zweiten Triumvirat zusammen, worauf in Rom einmal mehr Proskriptionslisten geführt wurden. Auf der „Schwarzen Liste" von Antonius stand Cicero ganz oben, und so wurde er denn auch bald ermordet (am 7. Dezember 43) und sein Leichnam in Rom auf brutalste Weise öffentlich vorgeführt.

6. Tag

Ich hoffe, du hast noch genügend Durchhaltevermögen! Der gestrige Abschnitt war ja schon etwas schwieriger. Aber dies ist nun bereits die 6. Lektion, das heißt, dass du schon bald die erste Hälfte des Buches durchgearbeitet haben wirst. Es macht doch auch Freude, einmal auf das zurückzuschauen, was man schon geleistet hat, nicht wahr!

Wir werden nun das Gebiet der Reden vorübergehend verlassen und uns einer anderen Textsorte zuwenden. Von Cicero gibt es ja mehrere umfangreiche Briefsammlungen, und ein sehr hübsches Beispiel daraus möchte ich dir heute vorlegen. Nachdem die bisherigen Ausschnitte aus den Reden einen eher angriffigen, ja gehässigen Charakter hatten, wirst du eine ganz andere Seite Ciceros kennenlernen, eine liebevolle, fürsorgliche, geradezu zärtliche Seite. Der Empfänger des Briefs ist sein Privatsekretär Tiro, ein ehemaliger Sklave, den er freigelassen hatte und zu dem er eine sehr freundschaftliche Beziehung pflegte (vgl. I). Der Brief ist gegen Ende des Jahres 50 auf der Insel Leucadia geschrieben worden, als Cicero als Prokonsul in der Provinz Kilikien war. Tiro hatte ihn zwar nach Kilikien begleitet; aus gesundheitlichen Gründen konnte er aber nicht immer bei ihm bleiben, wie aus diesem Brief ersichtlich ist.

Zu den Grammatikhinweisen bei der Übersetzung beachte bitte folgendes: ich werde dir ab jetzt nur noch in Ausnahmefällen Hinweise auf Phänomene geben, die ich in früheren Lektionen bereits erklärt habe. Im Bedarfsfall kannst du die betreffenden Erklärungen selbst suchen und noch einmal repetieren.

Ad familiares 16.4, 1 und 3f. (197 Wörter)

TVLLIVS TIRONI SVO S. P. D.

[1] Varie sum affectus tuis litteris: valde priore pagina perturbatus, paulum altera recreatus: quare nunc quidem non dubito, quin, quoad plane valeas, te neque navigationi neque viae committas. Satis te mature videro, si plane confirmatum videro. De medico et tu bene existimari scribis et ego sic audio; sed plane curationes eius non probo; ius enim dandum tibi non fuit, cum κακοστόμαχος

esses. Sed tamen et ad illum scripsi accurate et ad Lysonem.
[3] Innumerabilia tua sunt in me officia, domestica forensia, urbana
provincialia, in re privata in publica, in studiis in litteris nostris:
omnia viceris, si, ut spero, te validum videro. Ego puto te bellissime
cum quaestore Mescinio decursurum: non inhumanus est teque, ut
mihi visus est, diligit. Cum valetudini tuae diligentissime consulueris,
tum, mi Tiro, consulito navigationi: nulla in re iam te festinare volo;
nihil laboro nisi ut salvus sis. [4] Sic habeto, mi Tiro, neminem esse,
qui me amet, quin idem te amet: cum tua et mea maxime interest
te valere, tum multis est curae. Adhuc, dum mihi nullo loco deesse
vis, numquam te confirmare potuisti: nunc te nihil impedit. Omnia
depone, corpori servi. Vale, mi Tiro, vale, vale et salve. Lepta tibi
salutem dicit et omnes. Vale.

S. P. D. ist eine übliche Grußformel im Brief (= *salutem plurimam dat*).
quin, quoad: der Nebensatz, der mit *quin* eingeleitet wird, wird
durch den Einschub *quoad ... valeas* unterbrochen. Zur Analyse
musst du zuerst herausfinden, wo der *quin*-Satz weitergeht bzw. wo
sein Prädikat folgt. Hier ist es nicht allzu schwierig zu erkennen,
weil es nur einen Einschub gibt und der unterbrochene Satz direkt
anschließend weitergeführt wird. Ich werde dir bei Gelegenheit noch
eine Analyse an einem etwas komplizierteren Beispiel zeigen.
ius: Suppe, Brühe (nicht „Recht"! vgl. auch franz. *jus*)

κακοστόμαχος: einen schwachen Magen, schlechte Verdauung
habend (in lateinischen Buchstaben transkribiert: *kakostomachos*).
Cicero bringt immer wieder einzelne griechische Wörter oder
Phrasen in seine Briefe ein, auch in seinen philosophischen Werken
tut er es. Griechisch gilt als Sprache der Gelehrten, sogar geradezu
als Modesprache in „besseren" Kreisen. Das lässt sich teilweise
vergleichen mit unserer Sitte, in deutschen Gesprächen englische
Wörter einzuflechten, teilweise kommt es aber auch daher, dass
das genau zutreffende Wort in der lateinischen Sprache überhaupt
fehlt. In diesem Fall dürfte es damit zu erklären sein, dass die Ärzte
in Rom größtenteils Griechen waren und somit die medizinischen
Fachbegriffe in griechischer Sprache gehalten wurden.
domestica forensia ... litteris nostris: für Cicero sehr typische
Aufzählung ohne Bindeglieder *(Asyndeton)*; alles sind Erläuterungen
zu *officia* ("was für *officia*?").
Mescinius: L. Mescinius Rufus war einer der Quästoren im Jahr 51 und
diente unter Cicero in Kilikien.

decursurum: PFA von *decurrere*.

cum ... *tum* ...: bei Cicero sehr häufige Fügung; die du dir unbedingt gut einprägen solltest: „wenn schon ... dann erst recht ..."; weiter unten noch einmal!

consulito: die ältere Imperativform –to kommt einerseits vielfach in „offiziellen" Texten (z.B. Gesetzestexten), andererseits aber auch in der Umgangssprache vor. Übersetze gleich wie die Standardform des Imperativs *consule*; vgl. auch im darauffolgenden Satz *habeto*!

sic habere: überzeugt sein

mea interest: es kommt für mich darauf an, es ist in meinem Interesse (mit Aci verbunden; das *mea* ist im Übrigen ein Ablativ)

mihi curae est: es gereicht mir zur Sorge, es macht mir Sorgen (Dat. finalis: „wozu gereicht einem etwas?")

servi: zum Verb *servire*

Lepta: Q. Lepta war ein mit Cicero befreundeter Pompeius-Anhänger; er war außerdem in Kilikien unter Cicero *praefectus fabrum* ("Vorsteher der Handwerker"; im Heer sind mit Handwerkern Pioniere gemeint).

Ich hoffe, die Übersetzung dieses freundschaftlichen Briefes hat dir gefallen. Ein Grammatik-Kapitel gibt es heute nicht! Stattdessen gehen wir direkt zu einer kleinen Repetitionsübung.

A

Bitte suche aus dem heutigen Text alle Nebensatzeinleitungen heraus. Sortiere sie nach solchen, die mit dem Indikativ oder mit dem Konjunktiv stehen; nenne darüber hinaus noch Besonderheiten, welche dir bekannt sind.

I

Von Cicero ist ein großes Briefkorpus mit total gegen 900 Briefen erhalten, die von den Humanisten in vier Abteilungen eingeordnet wurden. Lange Zeit waren diese Briefe nicht mehr bekannt gewesen, bis sie von den Humanisten im 14. Jh. wiederentdeckt wurden.

Gerade in den Briefen an seine Familie, an seine engeren Freunde und Vertrauten zeigt sich ein manchmal recht überraschendes Bild von Cicero als Privatperson. Über keine andere öffentliche Person der Antike sind für uns Informationen in vergleichbarem Umfang greifbar, wie wir sie aus den Briefen Ciceros gewinnen können. Es gibt wohl andere Briefsammlungen, doch etwa bei den Briefen des

Plinius ist klar, dass sie mindestens teilweise für die Publikation überarbeitet wurden, somit also nicht mehr authentisch gelaufene Briefe sind. Plinius hatte die Briefe schließlich zu einem Teil selber veröffentlicht, also schon gezielt auf die Publikation hin gearbeitet.

Ciceros Briefe wurden von seinem Privatsekretär Tiro in den letzten Jahren vor Ciceros Tod archiviert und teilweise publiziert. Der genannte Tiro spielte in Ciceros Leben eine sehr wichtige Rolle. Er war 103 im Haus von Ciceros Eltern als Sklave zur Welt gekommen, er war also nur 3 Jahre jünger als Cicero. Die beiden waren gemeinsam aufgewachsen und mit der Familie nach Rom gekommen. Tiro diente Cicero später als Privatsekretär und war einer seiner engsten Vertrauten. Im vorliegenden Brief, wie auch in anderen Zeugnissen, zeigt sich eine sehr freundschaftliche, liebevolle Beziehung zwischen den beiden. Tiro hat übrigens auch eine spezielle Kurzschrift entwickelt, eigens um die Reden Ciceros effizient mitschreiben zu können.

7. Tag

Für heute ist ein zweiter Briefausschnitt vorgesehen, und zwar ein nettes Gratulationsschreiben aus dem Jahr 51 (du erinnerst dich, Cicero ist als Prokonsul in der Provinz Kilikien) an C. Curio zu dessen Wahl zum Volkstribunen. Er war als Ersatz für einen gewissen Servaeus nachgewählt worden, weil dieser der Amtserschleichung überführt worden war, so dass er sein Amt trotz gewonnener Wahl gar nicht erst antreten konnte.

Cicero setzte große Hoffnungen darauf, dass Curio, der aus einer sehr konservativen Patrizierfamilie stammte, sich nach der Wahl zum Volkstribunen für die „alte" Republik einsetzen würde. Caelius Rufus hatte Cicero in einem Brief geschrieben, dass Caesar Curio mit deutlicher Geringschätzung behandle, obwohl er sich ja sonst so gerne mit allen möglichen niederen Naturen einlasse, was ebenfalls als Anzeichen für die erhoffte senatstreue Linie Curios gewertet wurde.
Es kam aber anders: Caesar, der ja in dieser Zeit in Gallien engagiert war, schaffte es, Curio auf seine Seite zu ziehen, indem er ihn bestach. Curio hatte sich nämlich durch großartige Leichenspiele für seinen Vater hoch verschuldet und konnte die finanziellen Zuwendungen von Caesar nur zu gut gebrauchen. So setzte Curio als Volkstribun in der Folge sein Vetorecht ein, um zu verhindern, dass Caesar das Prokonsulat in Gallien abgeben musste.

Vor diesem Hintergrund (die spätere Entwicklung der Dinge war ja Cicero zur Zeit der Abfassung des Briefes noch nicht bekannt) finde ich den Inhalt des vorliegenden Gratulationsschreibens recht pikant!

Ad familiares 2.7, 1f. (184 Wörter)

M. CICERO IMP. S. D. C. CVRIONI TR. PL. *(gelingt es dir, die Abkürzungen selber aufzulösen?)*

[1] Sera gratulatio reprehendi non solet, praesertim si nulla neglegentia praetermissa est. Longe enim absum, audio sero. Sed tibi et gratulor et, ut sempiternae laudi tibi sit iste tribunatus, exopto, teque hortor, ut omnia gubernes et moderere prudentia tua, ne te auferant aliorum consilia. Nemo est, qui tibi sapientius

suadere possit _te ipso_; numquam labere, si te audies. Non scribo hoc temere. Cui scribam video. Novi animum, novi consilium tuum. Non vereor, _ne quid_ timide, ne quid stulte facias, si ea defendes, quae ipse recta esse senties.

[2] Quod in rei publicae tempus non incideris, sed veneris, profecto vides. _Quanta vis_ in re publica _temporum_ sit, quanta varietas rerum, quam incerti exitus, quam flexibiles hominum voluntates, quid insidiarum, quid vanitatis in vita, non dubito quin cogites. Sed _amabo te_, cura et cogitationi — nihil novi, sed illud idem, quod initio scripsi. Tecum loquere, et te adhibe in consilium, te audi, tibi obtempera. Alteri qui melius consilium dare possit _quam tu_, non facile inveniri potest; tibi vero ipsi certe nemo melius dabit. Di immortales! Cur ego absum vel spectator laudum tuarum vel particeps vel socius vel minister consiliorum?

nulla neglegentia: „Abl. causae (Ablativ des Grundes)"

sed tibi...: ich zeige dir eine Möglichkeit zur Satzanalyse unter G1.

moderere: Nebenform für _modereris_

te ipso: vgl. G2.

labere: vgl. im vorherigen Satz _moderere_!

ne quid: denk an die Regel: „nach _num, si, nisi, ne_ fällt der ali in den See"

quanta vis: suche in diesem Satz zuerst das Hauptverb, welches im Infinitiv steht! Davon abhängig dann all die abhängigen Fragen.

tempora hier nochmals in der speziellen Bedeutung „Umstände, Situation"

amabo te: „ich bitte dich" (stehende Wendung, bei Cicero aber nicht allzu häufig)

quam tu: vgl. G2.

G1

Hier wie versprochen ein Beispiel für die Satzanalyse dieses längeren Satzes, der schon eine etwas komplexere Struktur aufweist. Um einen Überblick zu gewinnen, empfehle ich dir eine _graphische_ Strukturanalyse. Suche im Satz folgende Elemente:

> finite Verben
> relevante Gliederungselemente wie _et, -que, aut_ usw.
> Nebensatzeinleitungen

Du musst dir im nächsten Schritt überlegen, welche finiten Verben zu Haupt- oder Nebensätzen gehören. Zu den Nebensatzprädikaten musst du zudem das dazugehörige Prädikat finden, was vor allem dann schwieriger werden kann, wenn der Nebensatz unterbrochen ist.

Jetzt schreibst du den Hauptsatz auf eine Linie. Wenn mehrere Prädikate im Hauptsatz parallel stehen, kommen diese alle auf dieselbe Linie. Auf die nächste Linie schreibst du den Nebensatz bzw. die Nebensätze, die von den Hauptsatzprädikaten abhängen. Wenn von diesen Nebensätzen wiederum Nebensätze zweiten Grades abhängen, kommen diese wieder auf eine neue Linie etc.

Ich zeichne es dir im Folgenden einmal auf, wobei alle Gliederungselemente kursiv gedruckt sind, die Prädikate fett, die Nebensatzeinleitungen fett und zusätzlich unterstrichen. Die Abhängigkeiten habe ich durch Verbindungslinien hervorgehoben.

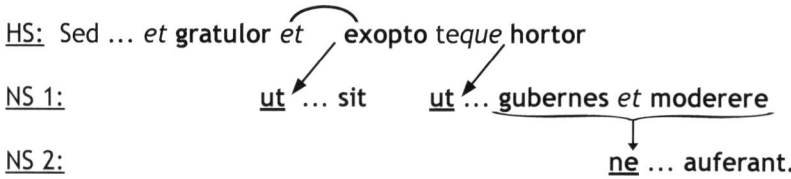

HS: Sed ... *et* **gratulor** *et* **exopto** *teque* **hortor**

NS 1: **ut** ... **sit**   **ut** ... **gubernes** *et* **moderere**

NS 2: **ne** ... **auferant.**

Vielleicht braucht es ein wenig Übung, um diese Abhängigkeiten zu erkennen und sie dann beim Übersetzen auch noch richtig ins Deutsche zu übertragen, aber mir scheint diese Methode jedenfalls gut zu funktionieren. Und irgendeine Analysemethode brauchst du nun einmal – ich kann dir versichern, dieser Satz ist noch heilig, verglichen mit manchen anderen... Bevor du jetzt über die lateinischen Autoren schimpfst, die so unmöglich komplizierte Sätze basteln – hast du z.B. schon mal Kleist gelesen?

G2
Die *Komparation* (Steigerung) der Adjektive und Adverbien möchte ich im Folgenden kurz darstellen, für dich zur Repetition.

Der *Komparativ* (besser, schneller etc.) wird mit dem Suffix -ior/ -ius gebildet. -ior stellt die Endung für das Maskulinum und Femini-num dar, -ius ist die Endung für das Neutrum und zugleich die Adverbform.

miles timidior = ein furchtsamerer Soldat (auch: ein allzu furchtsamer Soldat, ein ziemlich furchtsamer Soldat)
templum pulchrius = ein schönerer Tempel (Adjektiv)
celerius currere = schneller laufen (Adverb)

Der *Superlativ* (der Beste, Schnellste etc.) wird mit dem Suffix -issimus, -a, -um gebildet. Das Adverb wird mit der Endung -e gebildet.
miles timidissimus = der furchtsamste Soldat (auch: ein äußerst furchtsamer Soldat)
longissime abesse = am weitesten entfernt sein
Abweichende Superlativbildungen gibt es bei den Adjektiven auf -er (-errimus) und *facilis/difficilis, similis/dissimilis* (-illimus). Die Reihen lauten bei diesen:
> *celer – celerior – celerrimus* usw.
> *facilis – facilior – facillimus* usw.

Merke dir ferner die unregelmäßigen Reihen ganz genau – es sind natürlich ausgerechnet solche Adjektive, die extrem häufig vorkommen!
> *bonus – melior – optimus*
> *malus – peior – pessimus*
> *magnus – maior – maximus*
> *parvus – minor – minimus*

Nun zeige ich dir noch, wie das Vergleichsobjekt ausgedrückt wird. Beim Komparativ ("größer als...") hast du im heutigen Text bereits beide Ausdrucksweisen gesehen. Man kann sagen:
> Marcus maior est *quam* Lucius. → Marcus ist größer als Lucius.
> Marcus maior est *Lucio. (Abl. comparationis; absolut kein Bedeutungsunterschied zur obigen Variante)*

Beim Superlativ sagt man:
> Marcus maximus est *omnium.* → Marcus ist der Größte von allen.
> Marcus maximus est *ex omnibus. (auch hier kein Bedeutungsunterschied)*

A

Für heute gibt es zum Ausklang noch eine kleine Grammatikübung: suche mir aus dem Text bitte alle Imperativformen heraus, um die verschiedenen Bildungen des Imperativs zu repetieren.

Damit hättest du jetzt also die erste Hälfte dieses Buches durchgearbeitet. Ich gratuliere dir zu deinem Durchhaltewillen bis hierhin! Da du so weit gekommen bist, wirst du jetzt sicher auch die zweite Hälfte des Buches erfolgreich durcharbeiten können, in der wir uns hauptsächlich philosophischen Texten Ciceros zuwenden werden.

8. Tag

Bist du nun bereit, mit mir in die faszinierenden Gefilde der Philosophie einzudringen? Es wird schon noch eine kleine Anstrengung deinerseits erfordern, um diese inhaltlich sehr anspruchsvollen Texte zu meistern. Von der ersten Hälfte des Buches hast du sprachlich schon einige Routine erlangt, die dir bei der Bearbeitung der kommenden Lektionen sicher von Nutzen sein wird.

Als erstes habe ich dir einen kleinen Ausschnitt aus Ciceros Darstellung der Akademischen Philosophie (vgl. Infobox) ausgewählt. Es geht hier um die Erkenntnislehre und insbesondere um das Verhältnis zur Empirie (d.h. Erkenntnis aufgrund der Erfahrung, nicht aufgrund theoretischer Gebilde).

Zum Übersetzen: wenn du bei einem Satzgefüge den Aufbau nicht sofort durchschaust und ich dir auch keine Hilfe angegeben habe, dann versuch doch bitte, die Analyse selber zu machen (nach der Technik, die ich dir in der gestrigen Lektion gezeigt habe).

Academica Posteriora 2, 122f. (206 Wörter)

[122] Corpora nostra non novimus: qui sint situs partium, quam vim quaeque pars habeat ignoramus. Itaque medici ipsi, quorum intererat ea nosse, aperuerunt, ut viderentur. Nec eo tamen aiunt empirici notiora esse illa, quia possit fieri, ut patefacta et detecta mutentur. Sed ecquid nos eodem modo rerum naturas persecare, aperire, dividere possumus, ut videamus, terra penitusne defixa sit et quasi radicibus suis haereat an media pendeat?
[123] Habitari ait Xenophanes in luna eamque esse terram multarum urbium et montium. Portenta videntur, sed tamen neque ille, qui dixit, iurare posset ita se rem habere, neque ego non ita. Vos etiam dicitis esse e regione nobis, e contraria parte terrae, qui adversis vestigiis stent contra nostra vestigia, quos ἀντίποδας vocatis: cur mihi magis suscensetis, qui ista non aspernor, quam iis, qui, cum audiunt, desipere vos arbitrantur? Hicetas Syracusius, ut ait Theophrastus, caelum, solem, lunam, stellas, supera denique omnia stare censet neque praeter terram rem ullam in mundo moveri: quae cum circum axem se summa celeritate convertat et torqueat, eadem effici omnia, quasi stante terra caelum moveretur. Atque hoc etiam

Platonem in Timaeo dicere quidam arbitrantur, sed paulo obscurius. Quid tu, Epicure? Loquere: Putas solem esse tantulum? „Egone? Nobis quidem tantum!" Et vos ab illo irridemini et ipsi illum vicissim eluditis.

partium: mit *partes* sind an dieser Stelle die inneren Organe gemeint.

nosse: Kurzform (kontrahierte Form) für *novisse*.

eo: dadurch

rerum natura: „das Wesen der Welt" (kommt in der Philosophie als feste Wendung nicht nur bei Cicero häufig vor, daher bitte unbedingt merken!)

terra: behalte bei diesem Satz bitte die antiken Vorstellungen von der Gestalt der Erde im Hinterkopf, um zu verstehen, was gemeint ist!

-ne ... an: wird gebraucht, um eine Alternativfrage zu formulieren, hier abhängig von *videamus*. *-ne ... an* kannst du übersetzen: „ob ... oder ..."

Xenophanes war ein vorsokratischer Philosoph um 500 v. Chr.

ita se res habet: es verhält sich so (merken!)

ἀντίποδας: Antipoden (wörtlich übersetzt „Gegenfüßer"; in lateinischen Buchstaben transkribiert: *antipodas*)

Hicetas Syracusius: Hiketas von Syrakus war ein griechischer Philosoph im 4. Jh. v. Chr., der zur Schule der Pythagoreer gehörte und sich auch mit Astronomie befasste.

Theophrastus war ein griechischer Philosoph und Naturforscher des 4. Jh. v. Chr.

mundus meint hier das Universum.

eadem effici omnia: dies wäre eigentlich der Hauptsatz, er steht aber im Aci, weil er immer noch quasi abhängig vom vorangehenden *censet* ist (quasi indirekte Rede).

Platon (427-347 v. Chr.) war der Begründer der Akademie, die man deshalb nach ihm auch „Platonische Akademie" nennt.

Timaeus (griech. „Timaios") ist der Titel eines bekannten Dialogs von Platon.

Epicurus (Epikur) war ein bedeutender Philosoph um 300 v. Chr., von dem in diesem Buch noch zu reden sein wird.

A

Gib mir bitte zur Repetition aus dem heutigen Text alle Konjunktive an.

I

Cicero hatte sich schon während seinen Studienjahren in Rom ausgiebig mit der griechischen Philosophie befasst, die in Rom von verschiedenen Lehrern unterrichtet wurde. In besseren Kreisen gehörte es damals einfach dazu, sich in seinem *otium* (arbeitsfreie Zeit) nebst anderen wissenschaftlichen Gegenständen insbesondere mit Philosophie auseinanderzusetzen! Auch auf seiner Griechenlandreise 79-77 setzte Cicero seine philosophischen Studien fort und hörte verschiedene einflussreiche Lehrer.

Später, in Phasen, während derer er politisch isoliert und frustriert war, zog er sich wiederum in die Philosophie zurück, um dort Trost zu finden und sich abzulenken. So entstanden dann auch seine eigenen philosophischen Schriften, und zwar im Wesentlichen in zwei großen Schüben: ab 55 bis ca. 51 und dann wieder sehr intensiv ab 46 bis 44.

In seinen philosophischen Werken vermittelt Cicero im Wesentlichen nicht neue, eigene Erkenntnisse, sondern sein erklärtes Ziel ist es, die Erkenntnisse der verschiedenen griechischen Schulen zusammenzutragen und vergleichend zu beurteilen. Ausdrücklich sagt er, dass er als erster ins Lateinische übertragen wolle, was bis jetzt ausschließlich in griechischer Sprache vorgelegen habe. Die entsprechenden philosophischen Fachbegriffe hat er in lateinischer Sprache überhaupt erst finden müssen. Das hat dazu geführt, dass Cicero insbesondere auch im Hinblick auf die Sprache als solche enorm einflussreich war.

Zum Werk, aus dem der heutige Text stammt: die *Academica* sind eine Darstellung der Erkenntnislehre der Platonischen Akademie. Die Akademie (darauf geht unser Fremdwort „akademisch" oder „Akademiker" zurück) wurde von Platon gegen Ende des 4. Jh. in Athen gegründet. Die Schule befand sich beim Hain des „Heros Akademos", wo Platon ein Grundstück gekauft hatte, und im Lauf der Zeit wurde der Ortsname auf die Schule selbst übertragen.

9. Tag

Ich hoffe, dass du unseren ersten Ausflug in die Philosophie heil überstanden hast und noch mit von der Partie bist!

Heute zeige ich dir wieder einmal einen Auszug aus einer berühmten Rede Ciceros. Es gibt neben den Reden gegen Catilina und Antonius, die du schon kennengelernt hast, noch eine andere bedeutende Gruppe von Reden, nämlich diejenigen Reden, die Cicero als gefragter Verteidiger vor Gericht hielt. Ein Beispiel daraus möchte ich dir auch noch zeigen, und zwar einen seiner ersten öffentlichen Auftritte als Anwalt, die Verteidigungsrede für Sex. Roscius aus Ameria im Jahr 80.

Meine Hilfen werden sich hier bereits nur noch auf ein absolutes Minimum beschränken.

Pro Sex. Roscio Amerino, 1-3 und 5 (196 Wörter)

[1] <u>Credo ego</u> vos, iudices, mirari, quid sit, quod, cum tot summi oratores hominesque nobilissimi sedeant, ego potissimum surrexerim, is, qui neque aetate neque ingenio neque auctoritate sim cum his, qui sedeant, comparandus. Omnes hi, quos videtis adesse in hac causa, iniuriam novo scelere conflatam putant oportere defendi, defendere ipsi propter iniquitatem temporum non audent. Ita fit, ut adsint propterea, quod officium sequuntur, taceant autem idcirco, quia periculum vitant.
[2] Quid ergo? Audacissimus ego ex omnibus? Minime. An tanto officiosior quam ceteri? Ne istius quidem laudis ita sum cupidus, ut aliis eam praereptam velim. Quae me igitur res <u>praeter</u> ceteros impulit, ut causam Sex. Rosci reciperem? Quia, si qui istorum dixisset, quos videtis adesse, in quibus summa auctoritas est atque amplitudo, si verbum de re publica fecisset, id quod in hac causa fieri necesse est, multo plura dixisse, quam dixisset, putaretur. [3] Ego autem si omnia, quae dicenda sunt, libere dixero, nequaquam tamen similiter oratio mea exire atque in vulgus emanare poterit.
[5] His de causis ego huic causae patronus exstiti, non electus unus, <u>qui maximo ingenio</u>, sed relictus ex omnibus, qui minimo periculo possem dicere, neque <u>uti</u> satis firmo praesidio defensus Sex. Roscius, verum uti ne omnino desertus esset.

credo ego: bitte versuche nach der Methode, die ich dir gezeigt habe, eine Satzanalyse aufzuzeichnen. Im Anhang findest du meinen Vorschlag, mit dem du deine Lösung vergleichen kannst.

praeter: mehr als...

qui maximo ingenio: beachte die Parallelität mit *qui minimo periculo*.

possem dicere ist zum ersten Stück ebenfalls hinzuzudenken.

uti = ut

A

Zur Repetition sammle bitte alle Steigerungsformen aus dem Text und sortiere sie nach Komparativen und Superlativen.

I

Der Fall des Sex. Roscius spielte sich noch unter der Diktatur des Sulla ab. Zu dieser Zeit geschahen in Rom die abenteuerlichsten Mordfälle, wofür der Fall Sex. Roscius als anschauliches Exempel gelten darf. Ein gewisser Chrysogonus, ein freigelassener Sklave Sullas, hatte den gleichnamigen Vater des Angeklagten Sex. Roscius umbringen lassen und schaffte es, ihn nach seinem Tode nachträglich noch auf eine Proskriptionsliste setzen zu lassen, so dass er sich dessen Vermögen unter den Nagel reißen konnte. Das Verbrechen schob er einfach auf den Sohn des Ermordeten und klagte ihn wegen Vatermordes an. Obwohl alle von der Unschuld des Angeklagten überzeugt waren, wagte es trotzdem niemand, ihn zu verteidigen, wie Cicero ja im Text sagt, weil sie sich nicht mit Sulla anlegen wollten. Doch Cicero übernahm die Verteidigung als junger Anwalt von 26 Jahren und erwirkte für Sex. Roscius einen Freispruch. So brachte ihm diese Verteidigung quasi mit einem Schlag großen Ruhm ein.

10. Tag

Nach dem gestrigen Ausflug in die Gerichtsreden Ciceros wollen wir uns ab jetzt bis zum Ende des Kurses nur noch den philosophischen Werken widmen. Heute gebe ich dir einen Ausschnitt aus dem sehr bedeutenden Werk „De finibus bonorum et malorum" (ungefähr: „Über das höchste Gut und das höchste Übel"), in dem die Ethik verschiedener philosophischer Schulen dargestellt und verglichen wird.

Im ersten Buch wird die Lehre Epikurs vorgestellt, wonach das höchste Gut (also das am meisten Erstrebenswerte im Leben) die *voluptas* sei (also die Lust, Freude), das höchste Übel aber der *dolor* (also der Schmerz). Da es sich im Rahmen dieser Philosophie um feste Begriffe handelt, würde ich sie unübersetzt lassen. Der folgende Abschnitt zeigt, wie Epikur den Sachverhalt in seiner Lehre erklärt. Im zweiten Teil geht Cicero auf ein weitverbreitetes Missverständnis ein: wie kommt es, dass viele Leute die *voluptas* – im Gegensatz zu Epikur – als verwerflich ansehen?

Ich werde dir auch hier wieder nur ein Minimum an Hilfen anbieten, um dich schon jetzt annähernd unter Prüfungsbedingungen arbeiten zu lassen. Im Bedarfsfall wende bitte wieder meine Methode zur Satzanalyse an.

De finibus bonorum et malorum 1, 29-30 und 32 (212 Wörter)

[29] Quaerimus igitur, quid sit extremum et ultimum bonorum, quod omnium philosophorum sententia tale debet esse, ut ad id omnia referri oporteat, ipsum autem nusquam. Hoc Epicurus in voluptate ponit, quod summum bonum esse vult, summumque malum dolorem, idque instituit docere sic: [30] Omne animal, simul atque natum sit, voluptatem appetere eaque gaudere ut summo bono, dolorem aspernari ut summum malum et, quantum possit, a se repellere, idque facere nondum depravatum, ipsa natura incorrupte atque integre iudicante. Itaque negat opus esse ratione neque disputatione, quam ob rem voluptas expetenda, fugiendus dolor sit. Sentiri haec putat, ut calere ignem, nivem esse albam, dulce mel. Quorum nihil oportere exquisitis rationibus confirmare, tantum satis esse admonere.

[32] Sed ut perspiciatis, unde omnis iste natus error sit voluptatem accusantium doloremque laudantium, totam rem aperiam eaque ipsa, quae ab illo inventore veritatis et quasi architecto beatae vitae dicta sunt, explicabo. Nemo enim ipsam voluptatem, quia voluptas sit, aspernatur aut odit aut fugit, sed quia consequuntur magni dolores eos, qui ratione voluptatem sequi nesciunt, neque porro quisquam est, qui dolorem ipsum, quia dolor sit, amet, consectetur, adipisci velit, sed quia nonnumquam eiusmodi tempora incidunt, ut labore et dolore magnam aliquam quaerat voluptatem. Ut enim ad minima veniam, quis nostrum exercitationem ullam corporis suscipit laboriosam, nisi ut aliquid ex ea commodi consequatur?

summum bonum, summum malum: höchstes Gut, höchstes Übel
opus est: es braucht, es ist erforderlich (verbunden mit Ablativ)
quam ob rem: weshalb (merken!)
accusantium, laudantium: Partizipien ohne Bezugswort: „diejenigen, die anprangern"; „diejenigen, die loben" – abhängig sind die Genitive von *error*.
ab illo inventore: gemeint ist Epikur; mit dem *illo* wird der Beigeschmack des Allgemeinbekannten ausgedrückt
nemo enim: Satzanalyse! Ich habe dir eine Musterlösung angefertigt, die du im Anhang findest.
commodi: Gen. partitivus, zu *aliquid* zu ziehen

I

Epikur, der ca. von 341-270 v. Chr. lebte, begründete die epikureische Schule, die auch in Rom sehr einflussreich war. Auch nicht eigentlich philosophische Schriftsteller wie etwa Horaz zeigen sich stark von Epikurs Lehren beeinflusst. Horaz z.B. nennt sich selbst in einer Versepistel scherzhaft *pinguem Epicuri de grege porcum*, ein fettes Schwein aus der Herde Epikur (Hor. ep. 1.4.16).

Epikur, seinerseits beeinflusst durch die Atomlehre Demokrits, zeigt sich der Aufklärung verpflichtet; den Naturerscheinungen muss genau auf den Grund gegangen werden, damit der Aberglaube und die Furcht ausgemerzt werden können. Er lehrte zum Beispiel, dass man sich vor den Göttern nicht fürchten müsse und sie nicht zu verehren brauche (wiewohl er ihre Existenz anerkannte – er behauptete aber, sie lebten in ihrer eigenen Sphäre und kümmerten sich nicht um die Menschen oder die Welt). Auch der Tod sei nicht zu fürchten, da die

Atome des Körpers nach dem Tod auseinanderfallen würden und man somit keinerlei Schmerz mehr empfinden könne. So wurde Epikur als der „Erfinder der Wahrheit" gepriesen, der den Menschen die Furcht wegnehme.

In der Ethik ist für Epikur die Lust, Freude (griech. ἡδονή, von Cicero im Lateinischen mit *voluptas* wiedergegeben) das bestimmende Ideal, wie aus dem heutigen Text hervorgeht. Missverstanden – insbesondere auch später im Christentum – wurde diese Lehre oft, weil man es auf die äußerlichen Lüste bezog. Man meinte, salopp ausgedrückt, der Epikureismus propagiere „fressen, saufen und huren". Das Gegenteil trifft zu, es geht um die innere *voluptas*, die eigentlich gerade unabhängig von Luxus machen soll. Ein bescheidenes Leben in Armut ist völlig ausreichend, wenn man sich innerlich an dem wenigen zu freuen vermag. Diese Art *voluptas* wird verglichen mit dem Sättigungsgefühl, das sich einstellt, wenn man auf Hunger oder Durst etwas gegessen oder getrunken hat. Wenn man aber maßlos frisst und säuft, hat das mit *voluptas* nichts zu tun, da die Folgen in Form von Völlegefühl und allenfalls Erbrechen keinesfalls mehr als angenehm bezeichnet werden können! Bestimmend ist eben auch die *ratio*, die Vernunft, die es dem Menschen ermöglicht, seine Bedürfnisse maßvoll und vernünftig auszuleben – das im Text erwähnte *ratione voluptatem sequi*.

11. Tag

Nun hast du bereits zehn Lektionen zu Ende gebracht, also schon über 70% des Kurses. Zu deinem Durchhaltevermögen bis hierhin - obwohl es immer schwieriger wird - kann ich dir nur gratulieren. Bestimmt wirst du jetzt auch die restlichen 4 Lektionen noch überstehen. Daher also ohne Aufschub weiter zum 11. Teil!

Heute gebe ich dir den Beginn von „De natura deorum", einem Werk, in dem Cicero - wie es der Titel schon sagt - dem Wesen der Götter auf die Spur geht und die Meinungen der verschiedenen philosophischen Schulen zu diesem Problem vergleichend gegenüberstellt. In der Einleitung wird zusammengefasst, worin eigentlich die Fragestellungen bestehen.

De natura deorum 1, 2f. (200 Wörter)

[2] In hac quaestione plerique, quod maxime veri simile est, deos esse dixerunt, dubitare se Protagoras, nullos esse omnino Diagoras Melius et Theodorus Cyrenaicus putaverunt. Qui vero deos esse dixerunt, tanta sunt in varietate et dissensione, ut eorum infinitum sit enumerare sententias. Nam et de figuris deorum et de locis atque sedibus et de actione vitae multa dicuntur, deque iis summa philosophorum dissensione certatur. Utrum nihil agant, nihil moliantur, omni curatione et administratione rerum vacent, an contra ab iis et a principio omnia facta et constituta sint et ad infinitum tempus regantur atque moveantur, imprimis magna dissensio est; eaque nisi diiudicatur, in summo errore necesse est homines atque in maximarum rerum ignoratione versari.
[3] Sunt enim philosophi et fuerunt, qui omnino nullam habere censerent rerum humanarum procurationem deos. Quorum si vera sententia est, quae potest esse pietas, quae sanctitas, quae religio? Haec enim omnia pure atque caste tribuenda deorum numini ita sunt, si animadvertuntur ab iis et si est aliquid a deis immortalibus hominum generi tributum; sin autem dei neque possunt nos iuvare nec volunt nec omnino curant nec, quid agamus, animadvertunt nec est, quod ab iis ad hominum vitam permanare possit, quid est, quod ullos deis immortalibus cultus, honores, preces adhibeamus?

esse: hier absolut gebraucht im Sinne von „existieren"
Diagoras von Melos war ein Lyriker im 5. Jh. v. Chr.
Theodorus von Kyrene war ein Mathematiker und Philosoph ebenfalls im 5. Jh.
eorum: zu *sententias*!
utrum ... an: bildet eine Alternativfrage: „ob ... oder ..."; hier abhängig von *dissensio est*.
sunt enim philosophi: er denkt hier wohl hauptsächlich an Epikur
haec enim: Satzanalyse! Meine Musterlösung findest du im Anhang.
sin = si

I

In einer Kultur, in der die Existenz von Göttern ein quasi unantastbares Dogma darstellte, hatten es diejenigen Philosophen, die dieses Dogma in Frage stellten, nicht einfach. Bei Epikur zum Beispiel ist es zwar so, dass er die Existenz der Götter zwar nicht in Abrede stellt, doch sagt, dass sie sich nicht um die Menschen kümmern und wir uns demnach auch nicht um sie kümmern müssen. Es ist nicht sicher, wie weit ein Epikur tatsächlich an die Existenz der Götter geglaubt hat, oder ob er das nicht mindestens teilweise als Zugeständnis in seine Lehre aufgenommen hat, um nicht zum vornherein totale Ablehnung zu provozieren.

Diagoras von Melos, der in diesem Text erwähnt wird, war der Legende nach zum Atheisten geworden, als ein Schüler ihn bestahl, aber von den Göttern nicht dafür bestraft wurde, obwohl er die Tat sogar mit einem falschen Schwur leugnete (Meineide galten ja als besonders schlimme Verfehlungen und sollten gemäß dem Mythos von Iuppiter mit dem Blitz bestraft werden). Er leugnete in der Folge Wunder. Eine weitere Episode besagt zum Beispiel, er habe ein hölzernes Götterbild verbrannt und dabei gehöhnt, die Gottheit solle sich doch selber retten. Jedoch lebte zu jener Zeit gefährlich, wer solche Auffassungen zur Schau stellte: Diagoras wurde 415 v. Chr. von den Athenern zum Tode verurteilt und floh nach Korinth.

12. Tag

Ich möchte dir heute einen weiteren Abschnitt aus „De natura deorum" zeigen, und zwar aus dem zweiten Buch. Als ein Beweis für die Existenz der Götter wird dort der Aufbau des Universums und insbesondere die Regelmäßigkeit der Bewegung der Himmelskörper eingeführt, da offensichtlich eine höhere Intelligenz dahinter stecken muss – der Mensch selber könne ja solche Dinge nicht zustandebringen. Das ist eine Argumentation, welche bis heute in der Debatte um die Evolutionstheorie respektive *Intelligent Design* topaktuell ist.

De natura deorum 2, 16f. (175 Wörter)

[16] Chrysippus quidem, quamquam est acerrimo ingenio, tamen ea dicit, ut ab ipsa natura didicisse, non ut ipse repperisse videatur. Si enim, inquit, est aliquid in rerum natura, quod hominis mens, quod ratio, quod vis, quod potestas humana efficere non possit, est certe id, quod illud efficit, homine melius. Atqui res caelestes omnesque eae, quarum est ordo sempiternus, ab homine confici non possunt; est igitur id, quo illa conficiuntur, homine melius. Id autem quid potius dixeris quam deum? Etenim si di non sunt, quid esse potest in rerum natura homine melius? In eo enim solo est ratio, qua nihil potest esse praestantius; esse autem hominem, qui nihil in omni mundo melius esse quam se putet, desipientis arrogantiae est; ergo est aliquid melius. Est igitur profecto deus.
[17] An vero, si domum magnam pulchramque videris, non possis adduci, ut, etiam si dominum non videas, muribus illam et mustelis aedificatam putes: tantum ergo ornatum mundi, tantam varietatem pulchritudinemque rerum caelestium, tantam vim et magnitudinem maris atque terrarum si tuum ac non deorum inmortalium domicilium putes, nonne plane desipere videare?

Chrysippus war ein griechischer Philosoph des 3. Jh., Vertreter der Stoa.
ab ipsa natura: also durch Empirie, im Gegensatz zu theoretischen Betrachtungen *(ipse repperisse)*.
desipientis arrogantiae est: Genitiv + *est* kann heißen: „es ist ein Zeichen von...", „es ist typisch für..."; z.B. *stultitiae est* = es ist ein Zeichen von Dummheit
possis: vgl. G.

G

Es gibt neben dem Realis und dem Irrealis im Lateinischen noch eine weitere Abstufung, die wir im Deutschen nicht besitzen, nämlich den sogenannten **Potentialis**. Dieser drückt aus, dass aus Sicht des Sprechers eine Handlung zwar nicht wirklich, aber denkbar/möglich wäre. Im Deutschen kann man dies mit speziellen Nuancierungen einigermaßen zum Ausdruck bringen, aber einen eigentlichen Potentialis besitzen wir, wie gesagt, nicht.

Der Potentialis kann im Hauptsatz oder im Nebensatz vorkommen, insbesondere im Kondizionalgefüge. Er wird ausgedrückt durch den Konj. Präsens oder Perfekt, ohne Bedeutungsunterschied.

si id dicas, stultum te appellem → wenn du das sagen solltest *(und es könnte sein, dass du das sagst)*, so müsste ich dich dumm nennen. (= si id dixeris, ...)

vgl.: si id diceres, stultum te appellarem → wenn du das sagen würdest *(aber ich weiß genau, dass du das nicht sagen wirst)*, so würde ich dich dumm nennen.

13. Tag

Wir kommen bereits bei der zweitletzten Lektion an! Man könnte sagen, wir befinden uns auf der Zielgeraden. Also jetzt nicht mehr aufgeben!

Heute gebe ich dir einen Ausschnitt aus dem ersten Buch von „De officiis". „De officiis" (wörtlich übersetzt: „Über die Pflichten") ist Ciceros Bearbeitung eines Werkes des griechischen Philosophen Panaitios, der zu den Vertretern der Stoa gezählt wird. Es war das letzte philosophische Werk Ciceros vor seinem Tod, geschrieben im Herbst des Jahres 44. Die drei Bücher handeln von dem sittlich Guten *(honestum)*, dem Nützlichen *(utile)* und ihrem Verhältnis zueinander. Im folgenden kurzen Abschnitt geht es um die *ratio* als wichtigen Unterschied zwischen Tier und Mensch.

Bewusst gebe ich dir jetzt gegen Ende des Kurses immer weniger Hilfestellungen. Auch Satzanalysen nach meinem Muster solltest du jetzt selbständig vornehmen können, wenn es für den Durchblick erforderlich ist.

De officiis 1, 11 (120 Wörter)

[11] Principio <u>generi</u> animantium omni est a natura tributum, ut se, vitam corpusque tueatur, declinet ea, quae nocitura videantur, omniaque, quae sint ad vivendum necessaria, anquirat et paret, ut pastum, ut latibula, ut alia generis eiusdem. Commune item animantium omnium est coniunctionis appetitus procreandi causa et cura quaedam eorum, quae procreata sint. Sed inter hominem et beluam hoc maxime <u>interest</u>, quod haec tantum, quantum sensu movetur, ad id solum, quod adest quodque praesens est, se accommodat, paulum admodum sentiens praeteritum aut futurum. Homo autem, quod rationis est particeps, per quam consequentia cernit, causas rerum videt earumque praegressus et quasi antecessiones non ignorat, similitudines comparat rebusque praesentibus adiungit atque adnectit futuras, facile totius vitae cursum videt ad eamque degendam praeparat res necessarias.

generi mit *omni* verbinden
interest inter ... et ...: es besteht ein Unterschied zwischen ... und ... (merken!)

14. Tag

Für die letzte Lektion habe ich dir noch einen zweiten Ausschnitt aus „De officiis" herausgesucht. Im Rahmen des übergeordneten Themas des *honestum* (des sittlich Guten) wird hier das Zufügen von Unrecht untersucht.

De officiis 1, 23ff. (165 Wörter)

[23] Fundamentum autem est iustitiae fides, id est dictorum conventorumque constantia et veritas. Sed iniustitiae genera duo sunt: unum eorum, qui inferunt, alterum eorum, qui ab iis, quibus infertur, si possunt, non propulsant iniuriam. Nam qui iniuste impetum in <u>quempiam</u> facit aut ira aut aliqua perturbatione incitatus, is quasi manus afferre videtur socio; qui autem non defendit nec obsistit, si potest, <u>iniuriae</u>, tam est in vitio, quam si parentes aut amicos aut patriam deserat.

[24] Atque illae quidem iniuriae, quae nocendi causa <u>de industria</u> inferuntur, saepe a metu proficiscuntur, cum is, qui nocere alteri cogitat, timet, ne, nisi id fecerit, ipse aliquo afficiatur incommodo. <u>Maximam autem partem</u> ad iniuriam faciendam aggrediuntur, ut adipiscantur ea, quae concupiverunt; in quo vitio latissime patet avaritia.

[25] Expetuntur autem divitiae cum ad usus vitae necessarios, tum ad perfruendas voluptates. Delectant etiam magnifici apparatus vitaeque cultus cum elegantia et copia, quibus rebus effectum est, ut infinita pecuniae cupiditas esset. Nec vero rei familiaris amplificatio nemini nocens vituperanda est, sed fugienda semper iniuria est.

quempiam = quemquam (bei Cicero ab und zu vorkommende Alternativform)
iniuriae: zu *obsistit* ziehen (der Zusammenhang wird durch das eingeschobene *si potest* ein wenig verundeutlicht)
de industria: absichtlich (merken!)
maximam partem: <u>zum</u> grössten Teil

Wenn du den Text dieser Lektion durchgearbeitet hast, so hast du den offiziellen Teil dieses Kurses vollständig abgeschlossen. Dazu gratuliere ich dir! Ich hoffe, dass das Ziel des Kurses erreicht worden ist: dass du einen Überblick über die verschiedenen Werke Ciceros gewonnen hast und sprachlich möglichst viel profitieren konntest. Vielleicht konnte ich dich sogar dazu anregen, einmal auf eigene Faust etwas weiterzulesen – das kann auch mit Hilfe einer deutschen Übersetzung sein. Es gibt so viel zu entdecken in der faszinierenden Welt der antiken Literatur!

Du findest als nächstes noch eine weitere "inoffizielle" Lektion; dabei handelt es sich um eine Probeklausur, bei der ich dir überhaupt keine Übersetzungshilfen angebe. Versuche sie möglichst in derselben Zeit zu lösen, die du bei deiner Klausur tatsächlich zur Verfügung hast, und vergleiche anschliessend mit meiner Musterlösung. Wenn du danach noch Fragen zu der Probeklausur hast (oder zu einem der anderen Texte dieses Buches), stehe ich dir gerne zur Verfügung unter der Adresse, die ich dir schon in der Einleitung genannt habe.

Probeklausur: De finibus bonorum et malorum 1, 59-2 (206 Wörter)

[59] Quodsi corporis gravioribus morbis vitae iucunditas impeditur, quanto magis animi morbis impediri necesse est! Animi autem morbi sunt cupiditates immensae et inanes divitiarum, gloriae, dominationis, libidinosarum etiam voluptatum. Nec vero quisquam stultus non horum morborum aliquo laborat, nemo igitur est non miser. [60] Accedit etiam mors, quae quasi saxum Tantalo semper impendet, tum superstitio, qua qui est imbutus, quietus esse numquam potest. Praeterea bona praeterita non meminerunt, praesentibus non fruuntur, futura modo exspectant. Quae quia certa esse non possunt, conficiuntur et angore et metu maximeque cruciantur. [61] Igitur neque stultorum quisquam beatus neque sapientium non beatus.

[62] Sic enim ab Epicuro sapiens semper beatus inducitur: finitas habet cupiditates, neglegit mortem, de dis immortalibus sine ullo metu vera sentit, non dubitat, si ita melius sit, migrare de vita. His rebus instructus semper est in voluptate. Neque enim tempus est ullum, quo non plus voluptatum habeat quam dolorum. Nam et praeterita grate meminit et praesentibus ita potitur, ut animadvertat, quanta sint ea quamque iucunda, neque pendet ex futuris, sed exspectat illa, fruitur praesentibus, ab iisque vitiis, quae paulo ante collegi, abest plurimum et, cum stultorum vitam cum sua comparat, magna afficitur voluptate. Dolores autem si qui incurrunt, numquam vim tantam habent, ut non plus habeat sapiens, quod gaudeat, quam quod angatur.

Anhang

Lösungen

1. Tag

1)   a. Subjekt: *castra*; Prädikat: *sunt collocata*
     b. *in Italia*; *contra populum Romanum*
     c. wo? / *in* regiert hier den Ablativ, also Ortsangabe (Abl. locativus)
     Ü: Ein Lager ist in Italien gegen das römische Volk errichtet worden.

2)   a. Subjekt: *numerus*; Prädikat: *crescit*
     b. Gen. Pl.; zu *numerus* zu ziehen ("wessen Anzahl?")
     Ü: Die Anzahl der Feinde wächst mit jedem einzelnen Tag.

3)   a. Subjekt: ist nicht eigens ausgedrückt ("steckt im Prädikat drin"); Prädikat: *videmus*
     b. zu *ducem* zu ziehen ("wessen Anführer?")
     c. *intra moenia*; *in senatu*
     d. Gen. Pl. m./n. des Pronomens *is, ea, id*; gehört zu *castrorum*
     e. *-que (ducemque)*; *atque*
     Ü: Den Feldherrn jenes Lagers sowie den Anführer der Feinde sehen wir innerhalb der Stadtmauern und sogar im Senat.

4)   a. Subjekt: ist nicht eigens ausgedrückt; Prädikat: *vocas*
     b. *deorum; immortalium; urbis; omnium; civium*
     c. Die vier ersten Glieder, jeweils durch Kommata voneinander abgetrennt, bilden eine Aufzählung. Es fehlt aber ein Gliederungselement (man spricht von einem *Asyndeton*). Eine zweite Aufzählung findet sich am Ende: *ad exitium et vastitatem*
     d. Akk. Pl.; da es neutrale Wörter sind, könnte es sich auch um Nominative handeln, dies ist hier aber ausgeschlossen, weil sie nicht Subjekt sein können (das Prädikat steht ja in der zweiten Person!)
     e. mit *civium*
     Ü: Die Tempel der unsterblichen Götter, die Dächer/Häuser der Stadt, das Leben aller Bürger, ganz Italien rufst du zum Untergang und zur Verwüstung.

5)   a. Subjekt: *consul*; Prädikat: *iubet*
b. *exire*; Inf. Präs.
c. Abl. Sg.; *ex* verlangt stets den Abl. ("woraus? woher?";
Abl. separativus)
d. Akk. Sg.; *iubere* wird – anders als im Deutschen – mit Aci
konstruiert!
Ü: Der Konsul befiehlt dem Feind, die Stadt zu verlassen.
("aus der Stadt hinauszugehen")

6)   a. HS: *quid est enim*; NS: *quod ... possit*
b. *est*: 3. Sg. Präs. von *esse*; *delectare*: Inf. Präs.; *possit*: 3.
Sg. **Konj.** Präs. von *posse*
c. *quid*: Fragepronomen *quis, quid* in der neutralen Form;
quod: Relativpronomen *qui, quae, quod* in der neutralen
Form; *hac*: Demonstrativpronomen *hic, haec, hoc* im Abl. Sg.
f., bezieht sich also auf *urbe*
d. Akk. Sg.; Ergänzung zu *delectare* ("wen erfreut etwas?").
Achtung: *delectare* heißt nicht „sich freuen" – das wäre
gaudere –, sondern eben transitiv: *jemanden* erfreuen.
Ü: Was gibt es nämlich, Catilina, was dich in dieser Stadt
erfreuen könnte?

7)   a. *qui ... metuat*; *qui ... oderit*; es sind Relativsätze
b. *est*: 3. Sg. Präs. von esse; *metuat*: 3. Sg. Konj. Präs. von
metuere; *oderit*: 3. Sg. Konj. Perf. von *odisse*. Besonderheit:
odisse „hassen" ist ein Perfekt mit Präsensbedeutung.
Ü: Es gibt niemanden, der dich nicht fürchtet, niemanden,
der dich nicht hasst.
*(Übrigens noch der Grund für die Konjunktive im NS:
es sind Relativsätze mit konsekutivem Sinn: eigtl.: „es
gibt niemanden, der so beschaffen ist, dass er dich nicht
fürchtet")*

8)   a. Subjekt: *lux* und *spiritus*; Prädikat: *potestne*
b. *haec*: Nom. Sg. f., gehört zu *lux*; *huius*: Gen. Sg., gehört
zu *caeli*
Ü: Kann dir dieses Tageslicht, Catilina, oder der Lufthauch
dieses Himmels angenehm sein?

9)   a. *commissa* ist das Partizip Perfekt Passiv (PPP) von *committere*. Zusammen mit *sunt* bildet es eine Form des Perfekts Passiv.
b. *aut ... aut ...*
c. Nom. Pl. n.; im Deutschen als Singular übersetzen!
Ü: Und es ist nämlich danach nichts Verstecktes oder nicht vieles begangen worden. (= *doppelte Negation* → *es ist sogar sehr vieles begangen worden*)

10)   a. *omitto*: 1. Sg. Präs. von *omittere*; *interficere*: Inf. Präs.; *conatus es*: 2. Sg. Perf. Pass. von *conari*. Besonderheit: da *conari* ein Deponens ist, hat diese Passivform aktive Bedeutung.
Ü: Und ich übergehe schon dies, wie oft du versucht hast, mich als Konsul umzubringen.

11)   a. *si*: leitet einen Kondizionalsatz ein (Einleitung muss nicht unbedingt am Anfang stehen!); *ut*: leitet hier einen Vergleichssatz ein (erkennbar daran, dass das Verb im Indikativ steht)
b. *metuerent*: 3. Pl. Konj. Imperf. von *metuere*; *metuunt*: 3. Pl. Ind. Präs. vom gleichen Verb; *putarem*: 1. Sg. Konj. Imperf. von *putare*. – Man könnte noch *relinquendam* nennen (vgl. nächste Frage). – Die Konjunktive drücken hier den Irrealis aus, d.h. es handelt sich um rein hypothetische Aussagen, die nicht der Realität entsprechen.
c. Es ist ein Gerundivum zu *relinquere*. (Dies drückt aus, dass etwas getan werden muss. Ich komme noch darauf zurück, für den unwahrscheinlichen Fall, dass dir das Gerundivum noch nie begegnet sein sollte!)
Ü: Wenn meine Sklaven mich auf diese Weise fürchten würden, wie dich alle deine Untertanen fürchten, so würde ich glauben, mein Haus verlassen zu müssen.

2. Tag

Musterübersetzung:

Bis wohin wirst Du, Catilina, unsere Geduld noch missbrauchen? Wie lange noch wird diese deine Raserei uns zum Narren halten? Zu welchem Ende wird sich die zügellose Waghalsigkeit noch brüsten? Hat dich die Nachtwache am Palatium überhaupt nicht beeindruckt, nicht die Wachposten in der Stadt, nicht die Angst der Stadt, nicht das Zusammenlaufen aller Guten, nicht die sehr gute Sicherung dieses Ortes, um die Senatssitzung zu halten, nicht das Gesicht und die Miene von diesen hier? Merkst du nicht, dass deine Pläne offenliegen? Wer von uns, glaubst du, weiß nicht, was du in der letzten, in der vorletzten Nacht gemacht hast, wo du warst, wen du zusammengerufen hast, was für einen Plan du gefasst hast? O Zeiten, O Sitten! Der Senat versteht das. Der Konsul sieht es; dieser (Catilina) bleibt trotzdem am Leben. Er lebt? Ja, er kommt sogar in die Senatssitzung, wird zum Teilnehmer an der öffentlichen Beratung, jeden einzelnen von uns nimmt er wahr und merkt ihn mit den Augen zur Ermordung vor. Wir tapferen Männer aber scheinen dem Staat Genüge zu leisten, wenn wir seine (Catilinas) Raserei und seine Geschosse vermeiden. Es wäre schon längst nötig gewesen, dass du, Catilina, auf Geheiß des Konsuls hingerichtet würdest, dass das Verderben auf dich gerichtet wird, welches du gegen uns alle schon lange im Schilde führst. Oder hat denn nicht der höchst bedeutende Mann P. Scipio, der Oberpriester, als Privatmann Ti. Graccus getötet, der doch den Zustand des Staates nur mäßig ins Schwanken brachte; wir aber als Konsuln sollen Catilina ertragen, obwohl er danach giert, den Erdkreis mit Mord und Feuersbrünsten zu verwüsten?

A

a. Futurformen: *abutere, eludet, iactabit, perferemus*

b. Passivformen: *abutere*, arbitraris*, videmur*, duci, conferri, machinaris** (Die „unechten" Passivformen sind mit * bezeichnet. *videmur* ist ein besonderer Fall: es ist zwar kein Deponens, aber in der sehr verbreiteten Bedeutung „scheinen" wird es trotzdem nicht passiv übersetzt.)

c. *horum*: Gen. Pl. m.; *haec*: Akk. Pl. n.; *hic* (2x): Nom. Sg. m.; *iste*: Nom. Sg. m.; *istius*: Gen. Sg. m.

3. Tag

Musterübersetzung:

Du warst also in jener Nacht bei Laeca, Catilina, du hast die Teile Italiens verteilt, hast bestimmt, wohin ein jeder aufbrechen dürfe, du hast die Leute ausgewählt, die du in Rom zurücklassen würdest und die du mit dir hinausführen würdest, du hast die Stadtteile für Brände festgesetzt, du hast bestätigt, dass du selbst gleich weggehen würdest, du sagtest, es bilde für dich auch jetzt noch eine kleine Verzögerung, dass ich am Leben sei. Es ließen sich zwei römische Ritter finden, die dich von dieser Sorge befreien sollten und versprachen, dass sie mich noch in derselben Nacht kurz vor Tagesanbruch in meinem Bett umbringen würden. Das alles habe ich erfahren, als eure Zusammenkunft noch kaum aufgelöst war; mein Haus habe ich mit größeren Wachposten befestigt und gesichert, ich habe diejenigen ausgeschlossen, die du geschickt hattest, um mich frühmorgens zu begrüßen, weil genau diejenigen gekommen waren, von denen ich schon vielen bedeutenden Männern vorhergesagt hatte, dass sie zu der Zeit kommen würden.

Da sich dies so verhält, Catilina, mach weiter, wie du begonnen hast, verlasse einmal die Stadt; die Tore stehen offen; brich auf. Schon zu lange vermisst das uns bekannte Lager unter dem Kommando des Manlius dich als Anführer. Führ mit dir alle deine Leute hinaus, wenn nicht alle, so doch möglichst viele; säubere die Stadt. Du wirst mich von großer Furcht befreien, wenn sich erst zwischen mir und dir eine Mauer befindet. Du kannst dich nicht länger in unserer Gesellschaft aufhalten; ich werde es nicht ertragen, nicht erdulden, nicht zulassen. Wir müssen den unsterblichen Göttern sowie insbesondere diesem Iuppiter Stator hier, dem uralten Wächter dieser Stadt, sehr dankbar sein, dass wir diesem so schändlichen, so schrecklichen und so feindseligen Verderben für den Staat schon so oft entkommen sind.

A

1. Sg.: *comperi; munivi; firmavi; exclusi; praedixeram*
2. Sg.: *fuisti; distribuisti; statuisti; delegisti; discripsisti; confirmasti; dixisti; miseras; coepisti*
3. Sg.: -
1. Pl.: *effugimus*
2. Pl.: -
3. Pl.: *reperti sunt; venissent*

4. Tag

Musterübersetzung:

O glücklicher Staat, wenn er einmal diesen Abschaum der Stadt hinausgeworfen hat! Wenn nur Catilina, bei Herkules, beseitigt ist, scheint mir der Staat erleichtert und wiederhergestellt. Was nämlich an Schlechtem oder an Verbrechen kann man sich vorstellen oder denken, was dieser nicht geplant hätte? Welcher Giftmischer lässt sich in ganz Italien finden, welcher Gladiator, welcher Straßenräuber, welcher Meuchelmörder, welcher Vatermörder, welcher Testamentsfälscher, welcher Betrüger, welcher Prasser, welcher Verschwender, welcher Ehebrecher, welche ruchlose Frau, welcher Verderber der Jugend, welcher Verdorbener, welcher Desperado, der nicht gestehen würde, dass er mit Catilina auf freundschaftlichste Weise gelebt hätte? Welcher Mord während all diesen Jahren ist ohne ihn geschehen, welche gottlose Vergewaltigung nicht durch ihn?
Letztlich, welche so große Verlockung für die Jugend gab es jemals in irgendeinem Menschen, wie in jenem? Er liebte selbst andere auf schändlichste Weise, diente der Liebe von anderen auf verwerflichste Weise, er versprach den einen die Frucht ihrer Begierden, den anderen den Tod der Eltern, nicht nur indem er sie dazu antrieb, sondern sogar indem er ihnen half. Und jetzt, wie plötzlich er nicht nur aus der Stadt, sondern auch vom Land eine gewaltige Zahl an Gesindel zusammengesammelt hatte!
Wenn aber seine Gefährten ihm gefolgt sind, wenn die schändlichen Horden von hoffnungslosen Menschen aus der Stadt hinausgegangen sind, o wir Glücklichen, o glücklicher Staat, o schönstes Lob für mein Konsulat! Denn die Begierden der Menschen sind nicht nur mittelmäßig, die Waghalsigkeiten sind nicht menschlich und nicht zu ertragen; sie denken an nichts außer Mord, nichts außer Bränden, nichts außer Raub. Sie haben ihr Erbe verschleudert, ihre Güter haben sie verpfändet; das Vermögen hat sie schon längst verlassen, ihr Kredit begann neulich abzunehmen; trotzdem verbleibt dieselbe Begierde in ihnen, wie sie in der Zeit des Überflusses war.

A

urbis, mali, sceleris, testamentorum, iuventutis (2x), aliorum, lubidinum, parentum, perditorum hominum, desperatorum hominum, consulatus mei, hominum

5. Tag

Musterübersetzung:

Euer unglaublich zahlreiches Erscheinen, Bürger, und eine so große Volksversammlung, wie ich mich an keine zu erinnern scheine, verleiht mir einerseits höchsten Eifer, den Staat zu verteidigen, andererseits die Hoffnung, ihn zurückzugewinnen. Obwohl mir jedenfalls die Gesinnung niemals fehlte, fehlte die (passende) Situation; sobald diese schien, irgendetwas an Licht in Aussicht zu stellen, war ich der Anführer bei der Verteidigung eurer Freiheit. Wenn ich das aber vorher zu tun versucht hätte, könnte ich es jetzt nicht mehr tun. Am heutigen Tag nämlich, Bürger – damit ihr nicht glaubt, es sei eine nur unbedeutende Sache verhandelt worden – sind die Grundlagen für die übrigen Verhandlungen gelegt worden. Denn Antonius ist vom Senat nicht mehr nur mit dem Wort als Feind bezeichnet worden, sondern jetzt schon der Sache nach als einer beurteilt worden. Nun aber bin ich viel entschlossener, weil auch ihr mit so großer Zustimmung und so großem Beifall bestätigt habt, dass er ein Feind sei. Es darf nämlich, Bürger, nicht geschehen, dass einerseits diejenigen nicht verrucht sind, die gegen den Konsul Heere aufgestellt haben, oder andererseits derjenige nicht ein Feind ist, gegen den mit Recht die Waffen ergriffen worden sind. Diesen Zweifel also hat der Senat am heutigen Tag beseitigt, obwohl es gar keinen gab, aber trotzdem, damit kein Zweifel bestehen konnte. C. Caesar, der den Staat und eure Freiheit mit seiner eigenen Bemühung, Überlegung und schließlich mit seinem Erbe beschützt hat und noch beschützt, ist mit dem höchsten Lob des Senats geehrt worden. Wen gibt es nämlich, der es nicht einsieht, dass die Rückkehr von Antonius nicht ohne unseren Untergang geschehen wäre, wenn nicht Caesar ein Heer aufgestellt hätte?

A

a. *hodierno die (2x), a senatu, verbo, re, multo, tanto consensu tantoque clamore, iure, suo studio, consilio, patrimonio, maximis laudibus, sine exitio nostro*
b. *conatus essem (conari), arbitremini (arbitrari), tutatus est/tutatur (von tutari)*

6. Tag

Musterübersetzung:

Tullius schickt seinem Tiro viele Grüße.
Ich bin in verschiedener Weise von deinem Brief bewegt worden: von der ersten Seite sehr aufgewühlt, von der zweiten ein wenig beruhigt. Daher zweifle ich jetzt jedenfalls nicht, dass du, bis du völlig gesund bist, dich weder einer Schiffsreise noch der Straße anvertraust. Ich werde dich noch früh genug sehen, wenn ich dich völlig erstarkt sehen werde. Vom Arzt schreibst du, dass er ein gutes Ansehen hat, und auch ich höre solches; aber seine Behandlungen billige ich überhaupt nicht; Brühe hätte man dir nämlich nicht geben dürfen, weil du einen schwachen Magen hattest. Aber trotzdem habe ich sowohl an ihn als auch an Lyso sorgfältig geschrieben.
Zahllos sind deine Dienstleistungen an mich, das Haus und das Forum betreffend, die Stadt und die Provinz betreffend, in privaten wie öffentlichen Angelegenheiten, in meinen Studien und meiner Schreibtätigkeit: das alles wirst du übertreffen, wenn ich – wie ich hoffe – dich gesund wiedersehen werde. Ich denke, dass du sehr hübsch mit dem Quästor Mescinius zusammen hersegeln kannst; er ist nicht ohne Bildung und schätzt dich, wie mir schien. Wenn du dich schon um deine Gesundheit mit größter Sorgfalt kümmern sollst, dann, mein Tiro, sei erst recht um die Schiffsreise besorgt. Ich will nicht, dass du dich in irgendeiner Sache beeilst; ich bin um nichts besorgt außer darum, dass du wohlbehalten bist. Sei überzeugt davon, mein Tiro, dass es niemanden gibt, der mich liebt, der nicht auch dich liebt. Wenn es schon für dich und mich aufs Höchste bedeutsam ist, dass du gesund bist, so sorgen sich auch viele andere darum. Bis jetzt, während du mir an keiner Stelle fehlen wolltest, konntest du dich niemals erholen; jetzt hindert dich nichts. Leg alles ab, kümmere dich um deinen Körper. Leb wohl, mein Tiro, leb wohl und sei gesund. Lepta lässt dich grüßen und alle anderen. Leb wohl.
(Dieses „vale" hat eine Doppelbedeutung; einerseits ist es einfach nur der Abschiedsgruß im Brief, andererseits heißt es wörtlich ja tatsächlich „sei gesund", was auch die Quintessenz des vorliegenden Briefes ist. Um diese Bedeutung zu unterstreichen, wiederholt Cicero das „vale" hier auch mehrmals.)

A

mit Indikativ: *si, ut, cum, dum*

mit Konjunktiv: *quin, quoad, cum, ut, qui, quin*

Besonderheiten: *dum* in der Bedeutung „während" wird immer mit Präsens verknüpft, Übersetzung aber je nachdem mit einem Vergangenheitstempus (vgl. Musterübersetzung)

7. Tag

Musterübersetzung:

Der Imperator M. Cicero grüßt den Volkstribunen C. Curio.
Eine verspätete Gratulation pflegt nicht getadelt zu werden, vor allem wenn sie durch keine Nachlässigkeit unterlassen wurde. Ich bin nämlich weit weg, ich höre Nachrichten spät. Aber ich gratuliere dir einerseits und wünsche andererseits, dass dir dieses Tribunat zu ewigem Lob gereicht, und ich ermahne dich, dass du alles mit deiner Klugheit führst und leitest, damit dich nicht die Ratschläge anderer mitreißen. Es gibt niemanden, der dir weiser raten könnte als du selbst; du wirst niemals ausgleiten, wenn du auf dich selber hören wirst. Das schreibe ich nicht leichtfertig. Ich sehe, wem ich schreibe. Ich kenne deine Gesinnung, ich kenne deine Klugheit. Ich befürchte nicht, dass du irgendetwas in ängstlicher Weise, dass du irgendetwas in dummer Weise tun könntest, wenn du das verteidigen wirst, was du selbst für richtig befinden wirst.
In welche Situation des Staates du nicht hineingefallen, aber gekommen bist, siehst du gewiss. Ich bezweifle nicht, dass du dir überlegst, wie groß der Einfluss der jeweiligen Situationen im Staat ist, welche Verschiedenheit der Zustände, wie ungewiss die Ausgänge sind, wie wandelbar die Absichten der Menschen, was es an Hinterhältigkeiten gibt, was an Eitelkeit im Leben. Aber ich bitte dich, kümmere dich auch um das Überlegen – nichts Neues, sondern genau dasselbe, was ich zu Beginn geschrieben habe. Sprich mit dir selber, zieh dich selbst zu Rate, hör auf dich selbst, gehorche dir selbst. Einer, der einem anderen besser einen Ratschlag geben kann als du, lässt sich nicht leicht finden; dir selbst aber kann gewiss niemand besser einen Ratschlag geben. Bei den unsterblichen Göttern! Warum bin ich nicht dort, entweder als Augenzeuge deiner Anerkennung oder als Teilhaber oder Gefährte oder Helfer bei den Beratungen?

A

cura, loquere, adhibe, audi, obtempera

8. Tag

Musterübersetzung:

Wir kennen unsere Körper nicht: welches die Positionen der Organe sind und welche Funktion ein jedes Organ hat, wissen wir nicht. Daher haben gerade die Ärzte, für die es von Bedeutung war, dies zu wissen, die Körper geöffnet, damit sie gesehen werden konnten. Und trotzdem sagen die Empiriker, dass uns dadurch jene Dinge nicht besser bekannt seien, weil es geschehen könne, dass sie sich verändern, wenn sie offengelegt und aufgedeckt worden sind. Aber können wir überhaupt in derselben Weise das Wesen der Dinge aufschneiden, eröffnen, abtrennen, damit wir sehen, ob die Erde von innen her befestigt sei und sozusagen an ihren Wurzeln haftet, oder ob sie mitten in der Luft hängt? Xenophanes sagt, dass der Mond bewohnt sei und dass er ein Land mit vielen Städten und Gebirgen sei. Das scheinen Wundermärchen zu sein, aber trotzdem könnte weder der, der es gesagt hat, schwören, dass sich die Sache so verhalte, noch ich, dass es sich nicht so verhalte. Ihr sagt auch, es gebe außerhalb unserer Gegend, auf der gegenüberliegenden Seite der Erde, solche, die mit entgegengesetzten Fußspuren gegen unsere Fußspuren stehen, die ihr Antipoden (Gegenfüßer) nennt: warum seid ihr mehr auf mich zornig, der solches nicht verschmäht, als auf die, die glauben, ihr seid verrückt, wenn sie es hören? Hicetas aus Syrakus meint, wie Theophrast berichtet, dass der Himmel, die Sonne, der Mond, die Sterne, letztlich alle Himmelskörper stillstünden und keine Sache im Weltall außer der Erde sich bewege. Indem diese sich mit höchster Geschwindigkeit rund um ihre Achse drehe und kreise, werde alles dasselbe bewirkt, als ob bei stillstehender Erde der Himmel sich drehen würde. Und einige meinen auch, dass Platon das im „Timaios" sagt, aber ein wenig unverständlicher. Was ist mit dir, Epikur? Sprich: Glaubst du, dass die Sonne so klein sei? „Ich? Uns jedenfalls scheint sie so groß!" Und ihr werdet von ihm verlacht und umgekehrt verlacht ihr ihn.

A

sint, habeat, viderentur, possit, mutentur, videamus, sit, haereat, pendeat, posset, stent, convertat, torqueat, moveretur

9. Tag

Musterübersetzung:

Ich glaube, dass ihr, Richter, euch wundert, wie es kommt, dass, während so viele höchst bedeutende Redner und vornehmste Männer sitzenbleiben, ausgerechnet ich aufgestanden bin, ich, der ich weder im Alter noch in der Begabung noch im Einfluss mit denen zu vergleichen bin, die sitzen. Alle die, die ihr in diesem Fall anwesend seht, glauben, man müsse das durch ein neuartiges Verbrechen ausgeheckte Unrecht verteidigen, sie wagen aber wegen der ungünstigen zeitlichen Umstände nicht, es selbst zu verteidigen. So kommt es, dass sie deswegen hier sind, weil sie ihrer Pflicht nachkommen, sie schweigen aber daher, weil sie die Gefahr meiden. Was also? Soll ich der kühnste von allen sein? Keineswegs. Oder so viel pflichtbewusster als die anderen? Nicht einmal auf dieses Lob bin ich so gierig, dass ich es den anderen wegreißen möchte. Welche Sache also treibt mich mehr als die anderen an, den Fall des Sex. Roscius zu übernehmen? Weil, wenn einer von diesen, die ihr anwesend seht, bei denen die höchste Autorität und Bedeutung liegt, gesprochen hätte, wenn er ein Wort über den Staat gesagt hätte, was in diesem Fall notwendigerweise geschehen muss, so würde man denken, dass er viel mehr gesagt hätte, als er tatsächlich gesagt hätte. Wenn aber ich alles frei gesagt habe, was zu sagen ist, wird meine Rede trotzdem keineswegs in ähnlicher Weise den Saal verlassen und sich ins Volk hinaus verbreiten können.

Analyse 1. Satz:

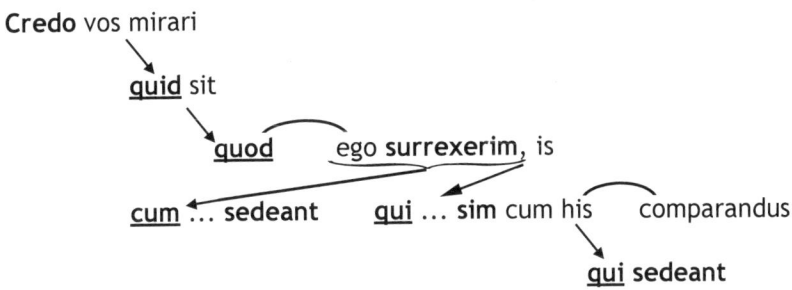

A

Komparative: *officiosior, plura*

Superlative: *summi, nobilissimi, potissimum, audacissimus, minime, summa, maximo, minimo*

10. Tag

Musterübersetzung:

Wir fragen also, was das äußerste und letzte der Güter sei, was nach der Meinung aller Philosophen so beschaffen sein muss, dass es nötig ist, dass alles sich auf dieses bezieht, es selbst aber nirgendwohin. Dies setzt Epikur in die *voluptas*, von der er will, dass sie das höchste Gut sei, und das höchste Übel sei der *dolor*, und er setzte fest, es folgendermaßen herzuleiten: Jedes Lebewesen, sobald es geboren sei, strebe nach *voluptas* und freue sich an ihr als höchstes Gut, den *dolor* verschmähe es als höchstes Übel und stoße ihn von sich weg, so sehr es könne, und das tue es noch in unverdorbenem Zustand, während die Natur noch unverdorben und rein urteile. Daher meint er, es bedürfe keiner Überlegung und keiner Diskussion, warum die *voluptas* zu erstreben, der *dolor* zu vermeiden sei. Er meint, man spüre dies, wie das Feuer heiß sei, der Schnee weiß sei, der Honig süß. Von diesen Dingen müsse man nichts mit gesuchten Überlegungen bestätigen, es genüge, nur darauf hinzuweisen.

Aber damit ihr versteht, woher der ganze Irrtum derer, die die *voluptas* anklagen und den *dolor* loben, entstanden ist, werde ich die ganze Sache aufdecken und genau das erklären, was von dem bekannten Erfinder der Wahrheit und sozusagen dem Baumeister des glücklichen Lebens gesagt worden ist. Niemand nämlich verachtet oder hasst oder meidet die *voluptas* an sich, weil sie die *voluptas* ist, sondern weil große Schmerzen diejenigen heimsuchen, die der *voluptas* nicht mit Vernunft nachzugehen verstehen, und andererseits gibt es niemanden, der den *dolor* an sich liebt, ihm nachfolgt, ihn erreichen will, weil er der *dolor* ist, sondern weil manchmal derartige Umstände eintreten, dass er mit Mühe und Schmerz eine bestimmte grosse *voluptas* anstrebt. Um nämlich zu einem ganz einfachen Beispiel zu kommen, wer von uns unternimmt irgendeine mühsame Leibesübung, außer damit irgendein Nutzen daraus entsteht?

Satzanalyse *nemo enim...*:

<u>Teil 1:</u>

Nemo voluptatem   **aspernatur** *aut* **odit** *aut* **fugit**

      <u>quia</u> ... sit   <u>sed quia</u> ...consequuntur ... eos

                                              <u>qui</u> ... nesciunt

<u>Teil 2:</u>

neque quisquam **est**

    <u>qui</u> dolorem ipsum   <u>amet</u> ... **velit**

        <u>quia</u> ... sit   <u>sed quia</u> eiusmodi ... **incidunt**

                                    <u>ut</u> ... quaerat

11. Tag

Musterübersetzung:

In dieser Frage haben die meisten, was auch am wahrscheinlichsten ist, gesagt, dass es Götter gebe, Protagoras sagte, er zweifle, Diagoras von Melos und Theodorus von Kyrene glaubten, es gebe überhaupt keine. Diejenigen aber, die gesagt haben, dass es Götter gebe, befinden sich in so großer Vielfalt und Uneinigkeit, dass man ohne Ende ihre Meinungen aufzählen könnte. Denn sowohl über die Gestalt der Götter wie auch über ihre Aufenthaltsorte und Sitze und über ihre Tätigkeit im Leben wird vieles gesagt, und über diese Dinge wird mit höchster Uneinigkeit der Philosophen gestritten. Ob sie nichts tun, sich mit nichts abmühen, frei sind von jeder Sorge und Verwaltung der Welt, oder ob umgekehrt von ihnen alles von Anfang an erschaffen und festgesetzt worden ist und in Ewigkeit gelenkt und bewegt wird, darüber herrscht besonders große Uneinigkeit, und wenn darüber nicht ein Urteil gefällt wird, so bewegen sich die Menschen notwendigerweise in höchstem Irrtum und in Unkenntnis dieser höchst bedeutenden Dinge.

Es gibt und gab nämlich Philosophen, die glaubten, die Götter würden sich überhaupt nicht um die menschlichen Angelegenheiten kümmern. Wenn ihre Meinung wahr ist, welches Pflichtbewusstsein, welche Heiligkeit, welche religiöse Scheu kann es dann geben? Diese Dinge sind nämlich alle ehrlich und rein der Macht der Götter zu erweisen, falls sie von ihnen wahrgenommen werden und falls von den unsterblichen Göttern dem Menschengeschlecht etwas zugewiesen wird. Wenn aber die Götter uns weder helfen können noch wollen und sich überhaupt nicht darum kümmern und nicht wahrnehmen, was wir tun, und es nichts gibt, was von ihnen zum Leben der Menschen hinüberfließen kann, weshalb sollten wir dann den unsterblichen Göttern irgendwelche Kulte, Ehrerweisungen und Bitten entgegenbringen?

Satzanalyse *haec enim*...:

Teil 1:

Haec enim ... **tribuenda sunt**

    ↓

    si animadvertuntur ... *et* **si** est ... aliquid **tributum**

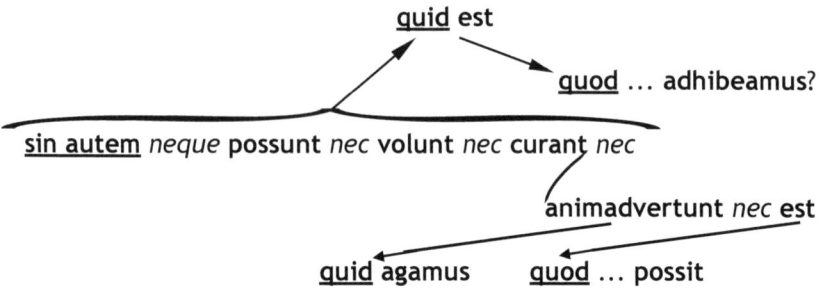

sin autem *neque* possunt *nec* volunt *nec* curant *nec*

animadvertunt *nec* est

quid agamus   quod ... possit

12. Tag

Musterübersetzung:

Chrysippus aber – obwohl er von schärfstem Verstand ist – sagt trotzdem dieses, so dass er es von der Natur selbst gelernt zu haben und nicht selber herausgefunden zu haben scheint. Wenn es nämlich – sagt er – irgendetwas im Wesen der Dinge gibt, was der Verstand des Menschen, das Denken, die Kraft, das menschliche Vermögen nicht bewirken kann, so ist bestimmt das, welches jenes bewirkt, besser als der Mensch. Aber die Vorgänge am Himmel und alles das, dessen Ordnung immerwährend ist, kann vom Menschen nicht bewirkt werden; also ist das, wodurch es bewirkt wird, besser als der Mensch. Wie aber könnte man das besser nennen als einen Gott? Wenn es nämlich die Götter nicht gibt, was kann im Wesen der Dinge besser als der Mensch sein? Nur bei dem allein kann die Vernunft sein, als welches nichts vortrefflicher sein kann. Dass es aber einen Menschen gibt, der meint, nichts auf der ganzen Welt sei besser als er, ist ein Zeichen von unverständiger Arroganz; folglich gibt es etwas Besseres. Es gibt also tatsächlich einen Gott.

Oder wenn du ein großes und schönes Haus siehst, könntest du doch auch nicht dazu verleitet werden, zu meinen – auch wenn du den Hausherrn nicht siehst – es sei von Mäusen und Wieseln erbaut worden. Wenn du die so große Schönheit der Welt, die so große Vielfalt und Schönheit der Himmelskörper, die so große Kraft und Größe des Meeres und der Länder für deinen eigenen Wohnsitz und nicht für den der unsterblichen Götter halten solltest, würdest du dann nicht scheinen, völlig unverständig zu sein?

13. Tag

Musterübersetzung:

Zu Beginn ist jeder Art von Lebewesen von der Natur zugewiesen worden, dass es sich selbst, sein Leben und den Körper beschützt, dagegen das ablehnt, was schädlich scheint, und dass es alles, was zum Leben nötig ist, sucht und sich verschafft, wie das Futter, wie einen Schlupfwinkel, wie anderes derselben Art. Eine Gemeinsamkeit aller Lebewesen ist ebenso das Verlangen nach Geselligkeit wegen der Fortpflanzung sowie eine gewisse Sorge um diejenigen, die erzeugt worden sind. Aber zwischen dem Menschen und dem Tier ist dieses der größte Unterschied, dass das Letztere sich nur soweit anpasst, wie es von der Sinneswahrnehmung bewegt wird, und nur an das, was hier und gegenwärtig ist, die Vergangenheit aber oder die Zukunft nur sehr wenig wahrnimmt. Weil der Mensch aber die Vernunft besitzt (Teilhaber der Vernunft ist), durch die er das Nachfolgende erkennt, sieht er die Ursachen der Dinge, und er kennt ihre Entwicklung und sozusagen die Voraussetzungen genau, er vergleicht Ähnlichkeiten und verbindet und verknüpft Zukünftiges mit gegenwärtigen Dingen, er überblickt mit Leichtigkeit den Lauf des gesamten Lebens und bereitet zur Lebensführung die notwendigen Dinge vor.

14. Tag

Musterübersetzung:

Die Grundlage aber der Gerechtigkeit ist das Vertrauen, das heißt, die Beständigkeit und Wahrheit der Worte und der Vereinbarungen. Aber es gibt zwei Arten von Ungerechtigkeit, die erste von denen, die es zufügen, die andere von denen, die das Unrecht nicht von denjenigen wegstoßen, denen es zugefügt wird, wenn sie es können (obwohl sie es könnten). Denn wer zu Unrecht einen Angriff auf irgendjemanden macht, entweder durch Zorn oder durch irgendeine Aufregung angetrieben, der scheint sozusagen die Hand an seinen Gefährten zu legen; wer aber das Unrecht nicht verteidigt und ihm nicht widersteht, wenn er es kann (obwohl er es könnte), der befindet sich gleichermaßen im Fehler, als ob er die Eltern oder Freunde oder die Heimat im Stich ließe.

Und jene Ungerechtigkeiten, die absichtlich, um zu schaden, zugefügt werden, haben ihren Ursprung oft in der Furcht, wenn derjenige, der daran denkt, einem anderen zu schaden, befürchtet, selbst von irgendeinem Nachteil betroffen zu werden, wenn er das nicht tut. Zum größten Teil gehen sie aber daran, ein Unrecht zu begehen, damit sie das erlangen, was sie begehrt haben; in diesem Fehler zeigt sich am besten die Habgier.

Wenn aber Reichtum schon für die notwendigen Bedürfnisse des Lebens erstrebt wird, dann vollends, um die Vergnügungen zu genießen. Es erfreuen einen auch der großartige Prunk und die Lebensführung mit feinem Geschmack und reichlicher Fülle, wodurch bewirkt worden ist, dass die Gier nach Geld unendlich ist. Allerdings ist die Vergrößerung des Vermögens nicht zu tadeln, wenn sie niemandem schadet, aber das Unrecht ist immer zu vermeiden.

AUS UNSEREM VERLAGSPROGRAMM

Heftnummer	(Kurz-)Titel	Preis* [D]
# H001	Eigene Latein-Grammatik	5,90 €
# H002	Eigener Latein-Wortschatz	6,80 €
# H003	QUADRATA - Formenlehre	3,90 €

(nur direkt beim Verlag beziehbar)

ISBN	(Kurz-)Titel	Preis* [D]
978-3-937446-01-1	Maledicta	6,95 €
978-3-937446-02-8	Lat. Sprachführer	13,95 €
978-3-937446-03-5	Eigene Latein-Gramm.	7,95 €
978-3-937446-04-2	Cicero vs. Catilina	5,95 €
978-3-937446-05-9	Einführung ins Lat.	6,95 €
978-3-937446-06-6	Auxilium Primum	7,95 €
978-3-937446-07-3	Auxilium Secundum	7,95 €
978-3-937446-08-0	Liber de Coquina	17,95 €
978-3-937446-09-7	Caesar-Lektüre	5,95 €
978-3-937446-10-3	Discendum	13,95 €
978-3-937446-11-0	Lateingr. in 7 Tagen	11,95 €
978-3-937446-12-7	Caesar in 10 Tagen	11,95 €
978-3-937446-13-4	Cicero in 14 Tagen	11,95 €
978-3-937446-14-1	Ovid, Vergil & Co.	11,95 €
978-3-937446-15-8	ET CETERA!	13,95 €
978-3-937446-16-5	Aenigmata Latina	6,95 €
978-3-937446-22-6	Lat. Basiswortschatz	5,95 €
978-3-937446-23-3	Lernwortschatz Caesar	3,50 €
978-3-937446-38-7	Auxilium Tertium	7,95 €
978-3-937446-40-0	Latein in 3 Wochen	17,95 €

Bestellen Sie im Internet unter: **www.lateinbuch.de**, per Mail (**info@lateinbuch.de**), per Telefon (**++49-(0)69-788 07 660**), Fax (**++49-(0)69-788 07 661**), Briefpost: **Friedrich Verlagsmedien, Postfach 94 03 08, 60461 Frankfurt a. M.** oder bei Ihrer **Buchhandlung** um die Ecke.